Huberta von Bronsart

KAKTEEN

überarbeitet von Urs Eggli

Hallwag Verlag Bern und Stuttgart

Umschlagbild:
Chamaecereus-Hybride (vgl. S. 79)
Foto: F. Rychener

Fotos:
R. Eller
A. Fröhlich
H. Hofmänner
W. Lüthi
P. Peist
F. Rychener
D. Supthut
A. Wirth

Der Verlag dankt Herrn Diedrich Supthut, dem Leiter der Städtischen Sukkulentensammlung in Zürich, für die Durchsicht des Textes.

10. Auflage, 1984

Herstellung: Hallwag AG Bern
ISBN 3 444 50056 4

Inhalt

Wie kommen die Kakteen zu ihrer Gestalt?

Kakteen gehören zu den seltsamsten Gewächsen, die wir im Reich der Pflanzen kennen. Sie sind grün wie andere Pflanzen auch; aber sie stehen da als fleischige, gerippte Säulen, warzige Kugeln, winden sich schlangenhaft um ein Gerüst; sie haben keine Blätter, nur Dornen (fälschlich auch Stacheln genannt), manchmal in borstigen Büscheln, manchmal wehrhaft, blank und spitzig, manchmal papierartig dünn und flach; es gibt Arten, die sich in silberweiße, seidige, herabhängende Haare hüllen. Kurz und gut, sie sind höchst originell.
Aber zu seiner Zeit kann ein dorniger Zwerg eine Knospe treiben, aus der eine Blume hervorbricht von unerhörter Schönheit der Form und ungeahnter Leuchtkraft der Farbe: ein ganz unwahrscheinliches Blütenwunder. Komische kleine Dornenkugeln setzen sich einen ganzen Kranz von karminroten, weißen, gelben, rosa Blumen auf. An einem Schlangenkaktus öffnet sich in einer Nacht ein halbes oder ganzes Dutzend großer weißer Blüten von edelstem Duft; schon bis zum frühen Morgen hängt die ganze Pracht welk und unansehnlich da; aber eben die Herrlichkeit dieser wenigen Stunden genügt, um diese Pflanze «Königin der Nacht» zu nennen und sie liebevoll zu pflegen.
Solcherart Freuden bereiten die Kakteen dem, der sie richtig behandelt. Oft hört man aber auch das harte Urteil, Kakteen seien langweilige Dinger, lächerlich unförmige Pflanzenzwerge, die kein frischfröhliches Wachstum zeigen. Einmal, als man sie geschenkt bekam, blühten sie sehr hübsch — aber nun stehen sie, unfroh und verstaubt aussehend, irgendwo im Zimmer, sie treiben keine Knospen, nur kleine graue Schmierläuse hocken zwischen den Rippen oder Warzen. Wahrhaftig, ihre Haut beginnt zu schrumpfen — fort damit in den Abfalleimer.
So benehmen sich die Kakteen aber nur, wenn sie in unrechte Hände kommen, zu Leuten, die meinen, es seien ja Wüstenpflanzen, die kein Wasser brauchen, die man ruhig auch einmal Tage oder Wochen ungegossen stehen lassen kann — um die man sich nicht zu kümmern braucht.

Aber Kakteen sind durchaus keine idiotensicheren Gewächse. Gewiß sind sie der Trockenheit angepaßt – aber, merkwürdig, sie müssen gegossen werden, sie dürfen sogar gedüngt werden wie andere Pflanzen auch. Kakteenzucht ist nicht schwierig – aber die Pflanzen brauchen Pflege wie jedes Lebewesen, das wirklich gedeihen soll. Als «Trockenpflanzen» sind sie auf möglichst sparsamen Wasserverbrauch eingerichtet: sie haben ihre «verdunstende Oberfläche» aufs äußerste eingeschränkt, indem sie auf Blätter verzichteten. Nur Arten aus der Gattung *Pereskia,* wegen ihrer Größe seltener in Liebhabersammlungen zu finden, tragen echte Blätter, alle anderen haben diese in Dornen umgewandelt, die meist in Büscheln stehen, welche als *Areolen* bezeichnet werden. Oft treten diese Dornenbüschel zusammen mit längeren oder kürzeren Haaren auf; bisweilen fehlen die Dornen ganz. Eine Artengruppe (Opuntien und Verwandte, die Feigenkakteen) besitzen haarartige Dornen, welche mit einer Vielzahl von kleinen Widerhäkchen versehen sind; man nennt sie *Glochiden.*
Nun sind die Blätter wichtigste Organe: Das Blattgrün in ihren Zellen verarbeitet die Kohlensäure (genauer: Kohlendioxid, CO_2) der Luft zu Stärke und Baustoffen, die Blätter «assimilieren». Die Kakteen ersetzen diese assimilierenden Blattflächen durch die Oberfläche des ganzen Pflanzenkörpers, das heißt, die Oberhaut wird durch den assimilierenden Farbstoff grün gefärbt. Die Pflanzenoberfläche wird sogar noch dadurch vergrößert, daß die Pflanzen nicht einfach glatt, sondern die Säulen und Kugeln mit Rippen oder Warzen versehen sind. Blatt-, Feigen- und Weihnachtskaktus haben ihren Stamm oder seine Glieder blattförmig abgeflacht.
Die Kakteen gehören zu der Pflanzengruppe der «Stammsukkulenten». Ihre Stämme speichern das Wasser in schleimhaltigen Zellen, um es in Zeiten der Dürre zur Verfügung zu haben. Ganz ohne Wasser sind sie aber selbst in der Wüste nie, denn dort fällt in den klaren Nächten sehr starker Tau, und mit feinen, oberflächlich streichenden Wurzeln sowie durch die Oberhaut (Epidermis) können die Kakteen diese Feuchtigkeit aufnehmen. Abgesehen davon, daß es in den Wohngebieten der Kakteen doch immer einmal im Jahr eine, wenn auch kurze Regenzeit

gibt, die ihnen reichlich Wasser zum Speichern zuteilt. Es ist also durchaus abwegig zu meinen, daß es den Kakteen nicht schadet, wenn man tagelang vergißt, sie zu gießen, denn auf die Blumentöpfchen auf dem Fensterbrett fällt kein Tau.
Weihnachts- und Blattkaktus sind «Epiphyten», also sogenannte Überpflanzen. Sie leben nicht auf dem Erdboden, sondern im Mulm, der sich in den Astgabeln hoher Bäume in tropischen Wäldern sammelt. Ihre Heimat sind die Urwälder von Mexiko, Mittel- und Südamerika. So verfügen sie das ganze Jahr hindurch über eine gewisse Feuchtigkeit und werden kaum von starken Sonnenstrahlen getroffen. In ihrer Kultur muß dies berücksichtigt werden: Sie brauchen humusreiche Erde, mehr Feuchtigkeit als andere Kakteen und dürfen nie in der prallen Sonne stehen.
Es gibt Wüsten-, Steppen- und Gebirgsbewohner unter den Kakteen, und eben nach den Bedingungen ihrer Urheimat müssen sie in der Kultur etwas verschieden behandelt werden.

Unterkunft und allgemeine Pflege

Ein kleines, heizbares Gewächshaus im Garten wäre der ideale Standort für die Kakteensammlung; die allerwenigsten werden sich das aber leisten können. Wer nur ein paar Kakteen pflegt, stellt sie natürlich zwischen die anderen Topfpflanzen ans Fenster. Für eine Sammlung kleinerer Kakteen, für Aussaat und für etwas empfindlichere Arten, die vor Staub geschützt sein sollten, ist ein frühbeetähnlicher Kasten zu empfehlen, der vom zeitigen Frühjahr bis zum Spätherbst an geeigneter Stelle im Freien aufgestellt wird. Er kann aus Holz gebaut sein, besser noch ist Leichtmetall als «Gerippe»; hier können die Sprossen, welche die Glas- oder Kunststoffscheiben tragen sollen, schmäler sein. Auch die Seitenwände können aus einem ähnlichen Material beschaffen sein – das Licht soll ungehindert von allen Seiten her Zutritt haben. Für viele Hochgebirgskakteen sind heizbare Frühbeetkästen das ganze Jahr ein idealer Pflegeplatz. Im Winter genügt es für viele Arten, den Kasten gerade frostfrei zu halten.
Je kleiner ein solcher Kasten ist, um so stärker wird die Luft in ihm von der Sonne erwärmt; das kann den Kakteen zuviel werden: sie bekommen «Sonnenbrand» oder trocknen aus. Also muß dafür gesorgt sein, daß sehr ausgiebig gelüftet werden kann. Für die meisten Arten ist es sehr günstig, wenn der Kastendeckel bei schönem Wetter ganz abgenommen werden kann; auch ein gelegentlicher Regenguß im Sommer schadet den wenigsten.
In neuerer Zeit hat sich bei Frühbeetkästen eine Reihe von Kunststoffen sehr bewährt. Erwähnt seien hier nur die isolierenden Doppelstegplatten aus Plexiglas oder ähnlichen Materialien.
Im großen und ganzen werden die Kakteen behandelt wie die anderen Topfpflanzen: Sie sollen sehr hell und luftig, vor Zug geschützt, aufgestellt werden. Sie alle brauchen eine Ruhezeit, wenn sie blühen sollen, und müssen dann kühler (wenn auch hell) stehen und spärlich gegossen werden. Außer beim Weihnachtskaktus fällt diese Ruhezeit gewöhnlich in den Winter,

dann ist den meisten von ihnen eine Temperatur von 6 bis 12 Grad angenehm. Im Frühjahr beginnt der neue Trieb – nun sind die Pflanzen empfindlich praller Sonne gegenüber, die sie sonst, auch im Sommer, recht gut vertragen. In ihrer Wachstumszeit müssen sie ebenso reichlich gegossen werden wie andere Zimmerpflanzen, vertragen auch besonders im warmen Sommer ein sehr feines Einnebeln sehr gut. Die Winterblüher, die auch im Winter warm stehen wollen, sollen auch in dieser Zeit besprüht werden. Stets muß man dazu lauwarmes Wasser verwenden, niemals kaltes Leitungswasser.
Die meisten Kakteen sind in den üblichen Blumentöpfen gut untergebracht; einzelne, die lange Rübenwurzeln bilden, brauchen schmale und hohe Töpfe; andere, besonders flach wurzelnde, werden besser in flache Töpfe oder Schalen gepflanzt. Falls die Pflanzen in Tontöpfen stehen, ist es ratsam, die Töpfe in Schalen einzusenken, welche mit Torfmull, Sand oder Schlacke gefüllt sind. Dadurch wird ein gleichmäßigeres Klima im Wurzelraum geschaffen. Werden Kunststofftöpfe verwendet, ist dieses Einsenken natürlich nicht nötig. Selbstverständlich können Kakteen auch frei in Schalen ausgepflanzt werden. Dies verlangt aber eine gewisse Erfahrung, denn nur Arten mit ähnlichen Pflegeansprüchen und ähnlicher Wachstumsgeschwindigkeit sollen zusammen gepflanzt werden. Für Sämlinge und Stecklingsvermehrung sind Schalen aber in jedem Fall ausgezeichnet geeignet.
Die Erde muß auf jeden Fall sehr gut durchlässig sein. Gewöhnliche Gartenerde ist für Kakteen ebenso unmöglich wie für andere Topfpflanzen. Unter den vielerlei Rezepten, die für Kakteenerde angegeben werden, hat sich wohl dies ganz allgemein am besten bewährt: gute alte Lauberde, mürber Lehm und scharfer, kalkfreier Sand, zu gleichen Teilen gemischt, mit einem Zusatz kleiner Ziegelbröckchen. Nur für die epiphytischen Arten – Weihnachts- und Blattkaktus – soll die Erde reichlich Humus enthalten, man wird da also einen Teil des Lehms etwa durch alte Mistbeeterde ersetzen. Übrigens gibt es fertige «Kakteenerde» in jeder Gärtnerei zu kaufen. Die Kakteen lieben fast alle leicht sauren Boden, er soll also möglichst wenig Kalk enthalten. Auch sehr hartes (kalkreiches) Wasser soll vor dem

Gießen mindestens einen Tag lang «abstehen», damit der Kalk zum großen Teil ausfallen kann – das ideale Gießwasser ist sauberes Regenwasser. Man soll auch das Gießwasser nicht so kalt verwenden, wie es aus der Leitung kommt, sondern so lange stehen lassen, bis es die Zimmertemperatur angenommen hat.
Ob man von oben oder von unten (im Austauschverfahren) bewässert, ist weitgehend Ansichtssache; beide Methoden haben ihre Vor- und Nachteile. Einige empfindliche Arten faulen allerdings weniger leicht, wenn sie lediglich von unten gegossen werden. Sind Töpfe oder Schalen einmal gar zu trocken geworden (was z. B. in der winterlichen Ruhezeit vorkommen kann), so ist es gut, sie bis zum oberen Rand in abgestandenes Wasser zu tauchen, bis man sieht, daß auch die Bodenoberfläche feucht geworden ist. Dabei bleiben die Pflanzen selbst ganz trocken – was im Winter, überhaupt bei kühlem Stand, sehr wichtig ist.
Kakteenerde ist wegen ihres hohen Sandgehalts nicht gerade reich an Nährstoffen, und im Blumentopf steht den Pflanzen auch nur eine sehr kleine Bodenmasse als Nahrungsquelle zur Verfügung. Es ist also durchaus angebracht, gelegentlich zu düngen, und zwar mit einem ausgesprochenen «Blumendünger», der verhältnismäßig wenig Stickstoff, dafür um so mehr Phosphor und Kali enthält; solche Mischdünger werden von allen großen Firmen heute hergestellt. Die üblichen Mischdünger für den Garten sind wegen ihres großen Stickstoffgehalts für Kakteen unbrauchbar. Am günstigsten ist ein Verhältnis Stickstoff : Phosphor : Kali von 5:16:38. Davon wird im Gießwasser eine 0,1%ige Lösung alle 10 bis 14 Tage gegeben, natürlich nur während der Wachstums- und Blütezeit, nie während der Ruheperiode oder nach dem Umtopfen.
Umgetopft wird dann, wenn die Ruhezeit zu Ende ist oder kurz vorher. Der beginnende neue Trieb ist an der frischen grünen Farbe am Scheitelpunkt des Kakteenkörpers zu erkennen. Meist wird dies im Frühjahr sein. Frühjahrsblüher werden erst nach dem Abblühen verpflanzt. Größere Stücke bleiben am besten 2 bis 3 Jahre im gleichen Topf; kleine Kakteen, die man ja meist in sehr kleinen Töpfchen bekommt, pflanzt man jedes Jahr um.

Will man erkennen, ob frische Erde und ein größerer Topf nötig geworden sind, so topft man die Pflanze vorsichtig aus: der Ballen wird mäßig angefeuchtet, der Topf umgedreht und behutsam mit dem oberen Rand auf die Tischkante aufgestoßen, damit der Ballen sich leicht von der Topfwand löst. Kleine Pflanzen werden mit Seidenpapier, größere mit einem weichen Lappen umwickelt, damit sich keine Erde zwischen die Dornen setzt. Sieht man an der Außenseite des Ballens nur einzelne helle oder gesunde Wurzelstränge, so wird die Pflanze wieder in den gleichen Topf gesetzt und leicht festgedrückt. Zeigt sich ein verfilztes Wurzelwerk, so wird ein größerer Topf genommen; sein Abzugsloch wird mit einem Stückchen Tonscherbe bedeckt und eine dünne Schicht von grobem Sand — bei großen Töpfen von feinem Kies — daraufgestreut. Dann wird so viel Kakteenerde eingefüllt, daß der Ballen, daraufgestellt, nicht ganz bis zum oberen Topfrand reicht. Der Zwischenraum bis zur Topfwand wird mit Erde ausgefüttert, die man durch leichtes Aufstoßen des Topfes auf die Tischplatte dazu bringt, sich zu setzen; es dürfen sich keine Hohlräume bilden.

Bei Schalen oder Kästen — seien sie aus Ton oder aus Kunststoff — wird zunächst der Boden des Gefäßes mit einer Schicht von Tonscherben bedeckt, dann frische Erde von ½ bis 1 cm unter den oberen Rand eingefüllt. In die mit dem Finger gemachten Löcher wird das Wurzelwerk (oder der Ballen) der Setzlinge hineingehalten und leicht mit der Erde angedrückt. Ob man vor dem Umpflanzen den Ballen mit einem Hölzchen lockert oder ihn ungestört läßt, darüber kann man streiten. Im allgemeinen hat keine Pflanze das Herumstochern im Wurzelwerk gern.

In den ersten Tagen nach dem Umpflanzen wird sparsam gegossen (keinesfalls gedüngt), und die Pflanzen werden halbschattig aufgestellt.

Die Vermehrung

Schwierig ist sie nicht. Sie erfolgt durch Aussaat und durch Stecklinge. Kakteensamen soll man nur bei zuverlässigen Samenhändlern kaufen, die sie von anerkannten Züchtern beziehen; nur dann werden sie «sortentreu» ausfallen. Macht man Stecklinge, so darf man mit aller Bestimmtheit damit rechnen, daß die Tochterpflanze der Mutter gleichen wird. Stecklingsvermehrung ist namentlich da vorzuziehen, wo man die Nachzucht einer besonders schönen Art oder Sorte anstrebt. Auf diese Weise kommt man auch viel schneller zu blühreifen Pflanzen.

Nun ist allerdings die Heranzucht aus Samen eine höchst vergnügliche Angelegenheit – es ist überaus reizvoll, zu beobachten, wie zwischen den gelblich- oder rötlichgrünen Keimblättern die bestachelten Kügelchen oder Säulchen erscheinen, oft ebenfalls sattgrün oder rötlich gefärbt, und zuzuschauen, wie sie bald ihre Eigenarten entwickeln.

Gesät wird am besten in Saatschalen, die möglichst warm stehen sollen; im Winter kann es sein, daß sie «Unterwärme» brauchen, die man ihnen vielleicht auf einem Gestell über der Zentralheizung verschaffen kann – aber nur dann, wenn die Heizkörper unmittelbar unter dem Fenster angebracht sind. Denn die Kakteen sind «Hellkeimer», sie brauchen von Anfang an viel Licht. Am besten wartet man also mit der Aussaat bis zur warmen Jahreszeit und stellt die Saatschalen aufs Fensterbrett an die Sonne, mit einer Glasscheibe oder einem weißen Seidenpapier zugedeckt.

Gesät wird in nicht zu fein gesiebte Aussaaterde. Eine bewährte Zusammensetzung ist: 2 Teile alte Buchenlauberde, 1 Teil Torfmull, 1 Teil Quarzsand.

Die Samen werden ziemlich eng als sogenannte Nestsaat ausgesät und anschließend mit Quarzsand oder Ziegelsplittern leicht überstreut. Kleinere Samen werden besser gar nicht zugedeckt. Die Saaterde sollte gleichmäßig feucht sein; wenn gegossen werden muß, stellt man die Töpfchen oder Schalen in lauwarmes Wasser und läßt die Erde sich von unten vollsaugen.

Die Temperatur sollte tagsüber 20 bis 25° C betragen. In der Nacht darf sie auf etwa 15° C fallen.
Bis zur Keimung wird mit einer Glasscheibe gedeckt. Die frische Aussaat kann durch Angießen mit einer 0,1%igen Chinosollösung (1 g Chinosol auf 1 l Wasser) gegen Vermehrungspilze geschützt werden.
Die meisten Kakteen keimen nach 3 bis 5 Tagen, im warmen Sommer auch eher. Einige Arten, so vor allem Opuntien (Feigenkakteen), brauchen dazu aber bis zu 6 Wochen oder gar länger. Die Keimlinge sollen sonnig stehen; aber man muß nun darauf achten, daß die Sonne sie nicht «verbrennt» und die Bodenoberfläche nicht austrocknet; denn noch sind die Wurzeln klein und können nur in den oberflächlichen Schichten Feuchtigkeit finden. Pikiert wird, wenn die Sämlinge etwa 6 Monate alt sind. Sie sind dann zwar noch sehr winzig, und man darf sie auch nicht mit einer Pinzette anfassen. Das Pikieren ist also eine etwas mühselige Präzisionsarbeit. Solange die Oberfläche der Aussaatschalen nicht von Moosen überwachsen ist, kann mit dem Pikieren auch bis zum nächsten Frühjahr gewartet werden. Kakteen gedeihen bei dichtem Stand besser, als wenn sie weit gestellt werden: Sie sollen nach dem ersten Pikieren «von Stachel zu Stachel» nicht weiter entfernt sein, als sie dick sind, und beim zweiten Pikieren genügt als Abstand die Hälfte ihres Durchmessers.
Eine Ruhezeit, wie die erwachsenen Pflanzen sie unbedingt brauchen, haben die Sämlinge nicht nötig; sie können auch während des Winters mäßig gegossen werden, wenn sie nur warm und hell genug aufgestellt sind. Hat der Nachwuchs eine Größe von 3 bis 4 cm Durchmesser erreicht, können die Pflänzchen einzeln in Töpfe gepflanzt werden. Dies ist meist nach 2 oder 3 Jahren der Fall. Von der Verwendung der sehr in Mode gekommenen Minitöpfchen muß abgeraten werden, da sie zu rasch austrocknen.
Die Vermehrung durch Stecklinge ist bei manchen Kugelkakteen, die viele Ableger («Kindeln») hervorbringen, denkbar einfach: diese werden von der Mutterpflanze abgeschnitten. Die Schnittfläche muß dann eine Weile (meist ein paar Wochen) abtrocknen; werden frisch geschnittene Stecklinge sogleich

gepflanzt, so faulen sie unweigerlich. Die Schnittfläche des Stecklings wird mit Holzkohlepulver bestäubt und zum Abtrocknen aufgestellt. In eine Mischung halb Sand, halb Torfmull gepflanzt, bilden sich bald neue Wurzeln.
Erst recht gilt das für Stecklinge, die man von *Opuntia, Cereus* und anderen Kakteen macht, die keine Ableger bilden und von denen man Stammglieder zur Vermehrung abschneidet. Man sucht sich für den Schnitt eine möglichst schmale Stelle aus und schneidet das Stück an seinem unteren Ende leicht konisch zu, um die Bewurzelung zu fördern. Dann stellt man die Schnittlinge aufrecht in eine Schale und läßt sie zum Abtrocknen hell und nicht zu kühl ein paar Wochen stehen, bis man sie in Schalen oder einzeln in kleine Töpfe steckt, die zu drei Vierteln mit Kakteenerde gefüllt sind; auf diese Erde wird eine Schicht von Sand und Holzkohle gestreut. Die Stecklinge werden nun sehr mäßig gegossen (selbstverständlich nicht gedüngt), öfter eingenebelt und möglichst von unter her warmgehalten. Haben sie ihren kleinen Topf gut durchwurzelt, so werden sie vorsichtig mit ungestörtem Ballen in einen größeren Topf gesetzt.
Bei den «Blattkakteen» (Arten und Zuchtformen der Gattung *Epiphyllum* und Verwandte) wird der Steckling 15 bis 20 cm lang noch im vorjährigen Trieb geschnitten. Das untere Ende wird 2 bis 3 cm weit zugespitzt; dann muß die Schnittfläche bei aufrechtem Stand ein paar Wochen lang gründlich abtrocknen. Man steckt dann den Schnittling so tief in sandige Kakteenerde, daß die beiden untersten Areolen (Dornenpolster) gerade die Erdoberfläche berühren — hier werden sich die besten Wurzeln entwickeln.

Das Pfropfen

Es ist eigentlich eine amüsante Arbeit, zu der schon einige Erfahrung mit Kakteen gehört. Normalerweise wird die Pfropfung angewandt, um schwieriger zu pflegende Arten ohne größere Probleme kultivieren zu können. Durch die Pfropfung erhalten diese Problempflanzen gewissermaßen fremde und weniger empfindliche Wurzeln, eben die Wurzeln der Pfropfunterlage. Auch dann wird gepfropft, wenn etwa ein besonders schönes Stück der Sammlung durch Krankheit die Wurzeln eingebüßt hat: Man «veredelt» es auf eine gesunde, wüchsige Unterlage. Oder ein Sämling kann eher zum Blühen gebracht werden, weil durch das Pfropfen das Wachstum im allgemeinen beschleunigt wird. Dies kann auch dazu führen, daß an sich langsam wachsende Arten durch die Pfropfung unnötig «aufgeblasen» werden und dann nicht mehr typisch aussehen.
Die beste Zeit dafür ist der Sommer von Mai bis August. Dann sind Unterlage und Propfstück meist gut im Trieb und wachsen schnell zusammen. Als Unterlagen eignen sich verschiedene Cereusarten gut; besonders leicht nimmt *Trichocereus schikkendantzii* die Veredlung an; aber auch bei *T. macrogonus* (besonders für Mammillarien), *T. pachanoi, T. spachianus* und *Cereus peruvianus* gelingt das Aufpfropfen von Säulen- wie von Kugelkakteen leicht. Weihnachtskakteen werden gewöhnlich auf Pereskien veredelt. Auch *Echinocereus pectinatus* und seine Formen werden manchmal gepfropft (auf *T. spachianus*).
Geschnitten wird mit einem scharfen Messer aus rostfreiem Stahl, und zwar an der Stelle, wo der neue Trieb seinen Anfang nimmt – dies ist an dem etwas helleren Grün zu erkennen. An der Schnittstelle soll der Trieb im Innern noch nicht verholzt sein. Die obersten Areolen der Unterlage werden weggeschnitten, damit dort keine Nebentriebe entstehen, und das frisch geschnittene Pfropfstück wird so auf die Unterlage gesetzt, daß die ringförmig angeordneten Zellen der Leitbündel (die man in der Mitte der Schnittfläche erkennen wird) einander berühren. Nicht immer werden Unterlage und Veredelung den gleichen Durchmesser haben – das ist auch nicht unbedingt nötig,

wenn nur die Leitbündel aufeinanderliegen. Beim Aufsetzen wird der Pfröpfling leicht angedrückt und dabei ein wenig gedreht, damit Luftbläschen verschwinden. Dann wird ein weicher Gummiring quer über das Pfropfstück gelegt und gleichmäßig nach beiden Seiten unter den Topf gezogen oder seitlich an den Dornen der Unterlage befestigt.
Tritt aus der Schnittfläche des Pfröpflings Milchsaft aus (z. B. bei Mammillarien), so wird dieser nicht etwa abgewischt, sondern man läßt ihn liegen, bis der Milchfluß etwas nachgelassen hat.
Die gepfropften Pflanzen müssen nun warm und in trockener Luft stehen. Erkennt man, daß sie nicht richtig aneinanderwachsen, so nimmt man sie auseinander, schneidet beide Teile frisch an und setzt sie wieder aufeinander. Wachsen sie gut an, so können die Gummibänder bei weichen Arten nach 4, bei härteren nach 8 bis 10 Tagen abgenommen werden. Sogar Keimlinge von wenigen Wochen lassen sich mit Erfolg pfropfen; auf gut saftiger Unterlage brauchen sie nicht angedrückt zu werden.
Die seltsamen «Kamm»- oder «Cristata»-Formen können nicht aus Samen vermehrt werden, sondern nur durch Pfropfen. Bei dieser hahnenkammartigen Verbreiterung des Pflanzenkörpers handelt es sich nicht um etwas Krankhaftes, sondern um eine der Wissenschaft noch ziemlich rätselhafte Wuchsform, die wir auch als «Verbänderung» an Himbeersprossen, Blütenständen von Fingerhut oder Korbblütlern und sonst in der Natur sehen. Unter den Samen einer solchen verbänderten Pflanze sind immer nur sehr wenige, die diese Cristataform vererben. Sie ist bei Kakteen verhältnismäßig häufig und ihres originellen Aussehens wegen bei Sammlern sehr beliebt. Eigenartig und noch unaufgeklärt ist auch eine korallenartige Wuchsform *(forma monstrosa)* einiger Cereen. Anstelle einer Säule bilden diese ein gebirgsähnliches Gebilde, das ihnen die Bezeichnung «Felsenkakteen» eingetragen hat.

Schädlinge und Krankheiten

Kakteen werden eigentlich nur dann krank oder von Schädlingen befallen, wenn Fehler in der Pflege begangen werden. Wie alle Pflanzen, so brauchen auch die Kakteen luftigen, hellen Stand, regelmäßige Feuchtigkeit, kühleren und hellen Stand bei sparsamstem Gießen in ihrer Ruhezeit und richtige Ernährung (wozu auch gehört, daß im allgemeinen weder Boden noch Gießwasser reich an Kalk sind).
Vor allem in Aussaatschalen kann der Vermehrungspilz großen Schaden anrichten. Man erkennt ihn an einem grauen Gespinst, das sich an der Basis der Sämlinge bildet. Ist ein Sämling erst einmal infisziert, kommt jede Rettung zu spät; bei größeren Pflanzen kann das befallene, wäßrige und entfärbte Gewebe bis auf die gesund gebliebenen Teile weggeschnitten werden. Ein Befall kann verhindert werden durch Erdmischungen ohne Humusanteil und dadurch, daß man die jungen Pflanzen sonnig und luftig aufstellt. Im Notfall behandelt man die befallenen Pflanzen oder Aussaatschalen mit einer ein- bis zweiprozentigen Chinosollösung oder mit einem anderen gängigen Pilzbekämpfungsmittel. Bei starkem Befall ist es ratsam, die gesunden Sämlinge sofort in unverseuchte Erde zu verpflanzen.

Weichfleischige Arten von Kugelkakteen und Mammillarien bekommen gelegentlich im Winter eine «Trockenfäule», die man leider meist zu spät bemerkt, weil sie das innere Gewebe zerstört, während das Äußere unversehrt bleibt. Auch hier ist ein Pilz schuld, der durch kleine Verletzungen, z. B. am Wurzelhals, in den Pflanzenkörper eindringt; es entstehen holzige, bräunliche Stellen, die eintrocknen, so daß sich Hohlräume bilden. Zeigt sich die Trockenfäule auch an der Außenhaut, so kann man die Pflanze durch tiefes Ausschneiden der erkrankten Stellen vielleicht noch retten. Ein wirksames Mittel gegen diese Krankheit gibt es noch nicht. Aber vorbeugend soll man dafür sorgen, daß auch im Winter die Pflanzen sonnig stehen, und darauf achten, daß jede Verletzung (auch durch Insektenfraß) vermieden wird.

Unter den tierischen Schädlingen ist die Spinnmilbe sehr gefährlich, die besonders an jungen Trieben die Oberhaut zerstört und braune oder gelbe Flecken am Scheitel der Kakteen hervorruft. Meist bemerkt man den Befall mit Spinnmilben, auch Rote Spinne genannt, erst am angerichteten Schaden. Die Insekten selbst sind so klein, daß sie nur mit einer guten Lupe gerade noch wahrgenommen werden können. Spinnmilben treten besonders bei trockener Luft auf und suchen sich frischgrüne Arten wie Rebutien oder *Chamaecereus silvestrii* aus. Feuchtigkeit vertragen sie nicht gut, also sind Kakteen, die regelmäßig eingenebelt werden, vor ihnen ziemlich sicher. Sind sie einmal da, so vermehren sie sich sehr rasch und können in kurzer Zeit ganze Sammlungen ruinieren. Durch Spritzen oder Bepinseln mit den im Fachgeschäft erhältlichen Spezialpräparaten sind sie wirksam zu bekämpfen.

Auch die Woll- oder Schmierläuse sind sehr lästig. Sie sind 1 bis 5 mm lang, weißlich gefärbt durch Wachsausscheidungen, die wasserabweisend sind und die Tiere gegen viele Spritzmittel schützen. Solange sie nicht in Massen auftreten, kann man sie mit einem spitzen Hölzchen ablesen (vorsichtig, damit man die Oberhaut der Pflanze nicht verletzt). Ist der Befall nur gering, können die einzelnen Tiere auch mit einem Gemisch aus Alkohol und Kochsalz bepinselt werden (absoluten, denaturierten Alkohol so lange mit gewöhnlichem Kochsalz versetzen, bis sich ein Bodensatz bildet). Bei starkem Befall hilft nur Spritzen mit einem Kontaktgift (Derris- oder Phosphorpräparate). Allerdings zerstören diese Mittel die wunderschönen Wachsüberzüge vieler Arten (vor allem Arten mit blauen Körperoberflächen).

Unangenehmer sind die Wurzelläuse, weil man sie kaum bekämpfen kann, ohne die Kakteen aus dem Boden zu nehmen und ihr Wurzelwerk von Erde zu säubern. Am besten hilft es, wenn man die Pflanzen bis zum Wurzelhals etwa für 1 Stunde in eine vorschriftsgemäße Lösung eines Kontaktgiftes stellt. Nachher läßt man sie an einem schattigen Ort für einen Tag liegen und topft sie frisch ein. Sie sind dann wie Stecklinge zu behandeln, das heißt, sie erhalten in der ersten Woche kein Wasser, um Fäulnis der Wurzeln zu vermeiden. Nach weiteren 2 Wochen sollen die betreffenden Pflanzen mit demselben Mittel durchdringend gegossen werden, um frisch geschlüpfte Jungtiere zu vernichten.

Schildläuse siedeln sich besonders gern auf gewissen Opuntien und Cereen an. In ihrer Jugend sind die kaum 1 mm langen Tierchen beweglich, dann saugen sie sich fest und bilden ein 2 mm messendes rundes, gelblichgraues Schildchen, unter dem sie ihre Eier ablegen. Wenn nun der Kakteenfreund in bester Absicht dieses Schildchen mit einem Holzstäbchen entfernt, riskiert er, daß Eier oder frisch geschlüpfte Jungtiere herausfallen und sich über die ganze Pflanze verbreiten. Wirkungsvoller als dieses Absuchen (bei dem man ja doch nie alle Schilder findet) ist Spritzen oder Pinseln mit einem Berührungsgift, was alle 14 Tage wiederholt werden muß, damit immer von neuem die Jungtiere, die aus den Schildern hervorkriechen, getroffen werden. Noch besser ist in diesem Fall die Anwendung eines sogenannten systemischen Insektizides, welches den Saft der Pflanzen für saugende Insekten giftig macht.

Bei allen Berührungsgiften ist es wichtig, daß die Behandlung nach 2 und nach 4 Wochen wiederholt wird, um die frisch geschlüpften Jungtiere ebenfalls zu treffen. Noch besser als die Bekämpfung dieser Schädlinge ist es jedoch, zu vermeiden, daß diese überhaupt in die Sammlung gelangen. Deshalb werden neu erworbene Pflanzen zuerst für zwei Monate getrennt vom Rest der Sammlung gepflegt und genau beobachtet. Erst dann werden sie zu den übrigen Pflanzen gestellt.

Wer seine Kakteensammlung über den Sommer in den Mistbeetkasten im Garten stellt, kann erleben, daß Asseln und Schnecken die Pflanzen anfressen. Asseln werden am besten geködert, indem man halbierte und ausgehöhlte rohe Kartoffeln auslegt, in die sich die Asseln (die nur nachts fressen) gegen Morgen zurückziehen. Das beste Mittel gegen Schneckenfraß ist das Auslegen eines Giftköders. Manchmal fressen nachts Ohrwürmer an den Blüten, gegen Morgen verkriechen sie sich gern in Schlupfwinkeln, und so kann man sie fangen, wenn man Stücke von grobem, etwas feuchtem Schwamm oder Knüllpapier zwischen den Töpfen auslegt. Die gefürchteten Nematoden treten vor allem in humusreichen Substraten auf und werden mit Gartenerde oder Kompost eingeschleppt. Man erkennt den Befall an den knotenartig verdickten Wurzeln und dem schlechten Wachstum der befallenen Pflanzen. Die Bekämpfung erfolgt durch Gießen mit Spezialpräparaten oder durch Beimischen des sehr giftigen Nemafoss-Granulats zur Pflanzerde. Eine Radikalkur ohne Anwendung von Gift ist das Abschneiden sämtlicher Wurzeln. Anschließend wird die Pflanze wie ein Steckling neu bewurzelt. Bei größeren und älteren Pflanzen schadet dieses Mittel aber oft mehr, als es nützt. Die verseuchte Erde wirft man selbstverständlich weg.

Wenn sich die Pflanzen während der Wachstumszeit gelblich verfärben, sind meist die Wurzeln nicht in Ordnung. Die Pflanze wird vorsichtig ausgetopft, und verfaulte oder abgestorbene Wurzeln werden weggeschnitten. Anschließend wird die Pflanze wieder eingetopft und wie ein Steckling behandelt. Sind die Wurzeln jedoch in Ordnung, ist oft ein Nährstoffmangel an der Verfärbung schuld. Hier wird durch Umtopfen in frische Erde Abhilfe geschaffen. Gelbverfärbung kann jedoch auch ein Zuviel an Sonne bedeuten; durch die Überhitzung der Pflanze trocknet die Oberhaut so stark aus, daß sie sich gelb verfärbt und innerhalb 2 oder 3 Tagen korkig wird. Ist eine Pflanze erst einmal verbrannt, kann nichts mehr den Schaden gutmachen; aber in einigen Jahren wird die verbrannte Stelle überwachsen sein. Verbrennungen dieser Art treten meistens im Frühjahr auf, wenn die Pflanzen nicht mehr an das starke Sonnenlicht gewöhnt sind. Nach dem Winterquartier müssen unsere Lieblinge also langsam wieder ans Sonnenlicht gewöhnt werden (anfangs schattieren).

Rotverfärbung der Kakteen im Sommer bedeutet meist, daß die Pflanzen entweder zu sonnig stehen oder zuwenig Wasser erhalten. Durch Schattieren oder vermehrtes Gießen bildet sich die rote Farbe, welche als Sonnenschutz wirkt, rasch wieder zurück. Einige Arten, zum Beispiel aus der Gattung *Gymnocalycium,* sind allerdings von Natur aus mit einer bräunlichen oder rötlichen Oberhaut versehen.

Pflanzen, die zu dunkel und zu feucht stehen, etiolieren, das heißt, sie «stengeln auf», und der Neutrieb ist viel dünner als der übrige Pflanzenkörper, hellgrün und kaum bedornt. Dieses Vergeilen kann nur verhindert werden durch Einstellen des Gießens oder helleren Stand. Eine einmal vergeilte Pflanze bleibt aber verunstaltet, und oft ist es besser, den aufgeschossenen Neutrieb abzuschneiden, wodurch die Pflanze Sprossen bekommt. Diese Sprossen können nach 1 oder 2 Jahren abgenommen und wie Stecklinge bewurzelt werden.

Etwas Kakteenbotanik

Am Anfang wird sich der Kakteenpfleger vermutlich mehr mit der praktischen Seite des Hobbys beschäftigen; aber je länger er diese faszinierenden Pflanzen pflegt, desto mehr steigt im allgemeinen das Interesse an zusätzlichen Informationen.
Der Botaniker teilt das ganze Pflanzenreich in Familien verwandter Arten ein; und in diesem System bilden die Kakteen eine eigene Familie *(Cactaceae)*. Jede Familie ist in Gattungen eingeteilt, also in kleinere Gruppen verwandter Arten. Die Gattungen wiederum unterteilt man in die einzelnen Arten, die Grundbausteine des Systems. Diesem Aufbau getreu erhält jede Pflanze einen (lateinischen) Namen aus zwei Wörtern, zum Beispiel *Lobivia pentlandii*, mit dem Gattungsnamen *Lobivia* (der ein Anagramm von Bolivia ist und somit etwas über die Herkunft der Pflanze aussagt) und dem Artnamen *pentlandii* (der uns mitteilt, daß die Pflanze vom Pflanzensammler Pentland entdeckt wurde). Leider haben nur die wenigsten Kakteen einen deutschen oder volkstümlichen Namen; und die existierenden Volksnamen sind widersprüchlich und werden nicht einheitlich verwendet. Deshalb werden in diesem Taschenbuch alle Pflanzen unter ihrem botanischen Namen vorgestellt; sofern ein gebräuchlicher deutscher Name existiert, wird er in Klammern angefügt.
Wie wir bereits wissen, handelt es sich bei den Kakteen um wasserspeichernde Pflanzen, um sogenannte Sukkulenten (von lateinisch *succus* = Saft). Damit haben sie sich ausgezeichnet an das Leben in trockenen Gegenden und Halbwüsten angepaßt.
Während die Kakteen das Wasser im Stamm speichern (deshalb werden sie genauer als Stammsukkulenten bezeichnet), gibt es andere Pflanzenfamilien, welche ihre Blätter als Wasserspeicher benutzen, z. B. die Dickblattgewächse *(Crassulaceae)* mit den beiden auch in Europa vorkommenden Gattungen Hauswurz *(Sempervivum)* und Mauerpfeffer *(Sedum)*; Agavengewächse *(Agavaceae)*; einige Gattungen der Liliengewächse *(Liliaceae)*, vor allem die Gattungen *Aloë*, *Gasteria* und

Haworthia). Beispiele für andere Familien mit stammsukkulenten Arten sind die Wolfsmilchgewächse *(Euphorbiaceae)* oder die Aasblumengewächse *(Asclepiadaceae).* Vor allem einige säulenförmige Vertreter der Wolfsmilchgewächse werden hin und wieder als Kakteen verkauft. Im Gegensatz zu den Säulenkakteen besitzen diese aber einen weißen und giftigen Milchsaft. In der Pflege unterscheiden sie sich nicht wesentlich.
Man schätzt, daß die Familie der Kakteen rund 2000 Arten aufweist; mit wenigen Ausnahmen sind alle auf dem amerikanischen Doppelkontinent beheimatet. In ihrem riesigen Verbreitungsgebiet, das sich vom südlichen Kanada bis nach Patagonien an der Südspitze Chiles erstreckt, werden von Wissenschaftlern noch immer gelegentlich einige neue Arten entdeckt.

In den vergangenen Jahren wurde die ganze Familie von einigen Buch-Autoren in eine Vielzahl von Gattungen aufgesplittert, die jedoch botanisch meist schlecht begründet sind. Heute teilen die maßgebenden Botaniker die Ansicht, daß sich die Familie aus rund 80 Gattungen zusammensetzt. Nicht alle dieser Arten und Gattungen eignen sich zur Kultur, sei es wegen ihrer Größe (einige Säulenkakteen werden bis zu 15 m hoch!) oder wegen Pflegeschwierigkeiten. So werden in diesem Taschenbuch im folgenden zweiten Teil vorwiegend die leichter zu pflegenden Arten vorgestellt.
Zuerst sollen die wichtigsten für die Kultur geeigneten Gattungen und Gattungsgruppen kurz vorgestellt werden, zusammen mit einer kleinen Zeichnung, die einen Eindruck von der Wuchsform vermittelt:

1. Pereskia *Sehr ursprüngliche Vertreter der Kakteen, größere Büsche oder Sträucher bildend. In der Wachstumszeit beblättert. Durch ihre Größe schlecht für die Kultur geeignet, aber einige Arten gelegentlich als Pfropfunterlagen verwendet (hier nicht weiter behandelt).*

2. Opuntia (Feigenkakteen) *Die Gattung* Opuntia *(inkl. der oft abgetrennten Gattung* Tephrocactus) *hat mit Abstand das weiteste Verbreitungsgebiet aller Kakteen; sie ist vom südlichen Kanada bis Patagonien in Chile heimisch. Die meisten Arten werden für die Kultur zu groß; als Jungpflanzen sind sie aber im allgemeinen sehr dekorativ. Kennzeichnend sind die scheibenförmigen Stammteile (fälschlicherweise oft als Blätter bezeichnet) und die Glochiden (vgl. S. 26–28).*

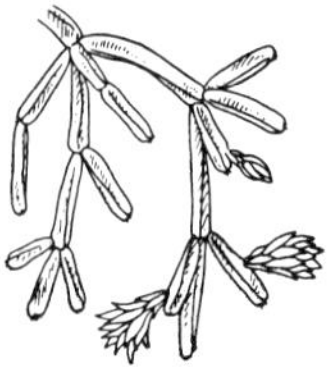

3. Rhipsalis (Binsenkakteen) *Diese und verwandte Gattungen enthalten Pflanzen aus dem tropischen Teil des Kontinents und von den Westindischen Inseln, wo sie als Epiphyten (Überpflanzen) auf Urwaldbäumen wachsen. Pflanzen, zierlich gegliedert aus stielrunden, kantigen oder abgeflachten Trieben. Verlangen hohe Luftfeuchtigkeit und sind deshalb nur für geschlossene Blumenfenster zu empfehlen (vgl. S. 29).*

4. Schlumbergera (Weihnachtskaktus) und Rhipsalidopsis (Osterkaktus) *Zwei nicht näher verwandte Gattungen mit sehr ähnlich aussehenden Pflanzen, die sich hauptsächlich durch ihre Blütezeit (vgl. deutsche Namen) unterscheiden. Weihnachtskakteen findet man oft auch unter dem ungültigen Gattungsnamen* Zygocactus. *Die Pflanzen eignen sich besonders für hängende Blumenkörbchen (vgl. S. 30–31).*

5. Epiphyllum und Verwandte (Blattkakteen, Schlangenkakteen) *Pflanzen mit blattartig abgeflachten oder dünnen, runden, schlängelnden Trieben. Die natürlichen Arten der Gattung* Epiphyllum *werden groß und blühen mit großen, nächtlichen, weißen Blüten. Durch die Kunst der Züchter ist eine beträchtliche Anzahl farbprächtiger Hybriden entstanden. Zu den Verwandten der Gattung gehört zum Beispiel die bekannte «Königin der Nacht»,* Selenicereus grandiflorus *(vgl. S. 32–37).*

6. Säulenkakteen (Cereen, abgeleitet von der alten Sammelgattung Cereus) *Säulenförmig wachsende Kakteen, aus beiden Teilen des amerikanischen Kontinents. Sie werden vorwiegend wegen ihrer Bedornung gezogen; da erst alte und große Pflanzen blühfähig sind, werden nur selten Blüten erzielt. Zu dieser Gruppe gehören die größten bekannten Kakteen (vgl. S. 38–45).*

7. Echinocereus *Eine Gattung mit einer Vielzahl unterschiedlicher Arten. Alle stammen aus den südlichen USA und dem angrenzenden Mexiko, wo sie halbwüstenartige Gebiete besiedeln. Die großen, leuchtenden Blüten erscheinen im Frühsommer (vgl. S. 46–51).*

8. Nordamerikanische Kugelkakteen mit Rippen *Eine botanisch nicht sehr einheitliche Gruppe, die sowohl klein bleibende wie groß werdende Arten enthält. Die kleinen Arten kommen auch in Liebhabersammlungen hin und wieder zur Blüte; bei den großen wartet man vergeblich darauf (vgl. S. 52–56).*

9. Nordamerikanische Kugelkakteen mit Warzen *Neben einigen kleineren Gattungen enthält diese Gruppe vor allem die etwa 200 Arten umfassende Gattung* Mammillaria. *Die meisten Mammillarien sind nicht schwierig zu pflegen und blühen im Frühjahr willig. Wegen ihrer geringen Größe sind sie für Liebhabersammlungen sehr beliebt und ausgezeichnet geeignet (vgl. S. 57–63).*

10. Südamerikanische Kugelkakteen *Wiederum eine botanisch sehr uneinheitliche Gruppe, die aber eine ganze Anzahl Gattungen enthält, die keine Pflegeprobleme bieten und deshalb oft in Liebhabersammlungen anzutreffen sind. Die meisten dieser leicht zu pflegenden Arten bleiben klein und blühen leicht, sei es im Frühjahr oder während des Sommers. Die Blüten der meisten Arten sind leuchtend gefärbt und erscheinen in großer Anzahl (vgl. S. 64–84).*

Opuntia (Feigenkakteen)

In ganz Nord- und Südamerika zu Hause. Lieben sehr viel Sonne, wollen auch im Sommer besonders warm stehen, während sie im Winter einen kühlen, hellen und luftigen Stand vorziehen. Von den etwa 300 Arten wachsen die Scheibenopuntien mit Ausnahme der *Opuntia microdasys* und ihrer nächsten Verwandten sehr stark und werden für die Zimmerkultur oft zu groß. Einige winterharte Arten eignen sich gut für den Steingarten. Hier brauchen sie sandigen, sehr durchlässigen Boden. Sie sind gegen Nässe empfindlicher als gegen Kälte, müssen besonders im Herbst vor Regen geschützt sein, um ihre Triebe vor dem Winter gut ausreifen zu lassen. Leichter Winterschutz mit Reisig soll weniger vor Frost als vor Sonne schützen, die vorzeitiges Treiben veranlaßt.

Scheibenopuntien:
Opuntia aureispina Kleinwüchsig, auch kugelig, mit hübschen goldfarbenen und braunen Dornen.
Opuntia basilaris Mit ihren grau-blau-grünen, oft rot überlaufenen Gliedern sehr schöne Art. Dornen fehlend, nur mit rötlich-braunen Glochiden. Blüten an größeren Pflanzen, purpurrötlich. Verlangt viel Sonne. Überwinterung bei 6 bis 10° C. Vgl. Abb. S. 27.
Opuntia bergeriana Strauchartig wachsend. Mit schöner gelber Bedornung. Bringt reich und willig große rote Blüten.
Opuntia leucotricha Stark wachsend. Längliche Scheiben mit weißen, gewundenen, bis 8 cm langen Dornen.
Opuntia microdasys Kleinwüchsig, Glochidenbüschel goldgelb, sehr zahlreich, ohne Dornen. Blüte gelb, 5 cm groß.
Opuntia microdasys var. albispina Mit weißen, nicht stechenden Glochiden, besonders für Zimmerkultur geeignet.
Opuntia monacantha Im Freien sehr reicher Blüher. Überwinterung frostfrei. Pflanzen, die zu groß werden, können zurückgeschnitten werden.
Opuntia rafinesquei Strauchartig verzweigt, niederliegend. Blüten gelb mit roter Mitte. Für Steingarten, winterhart.

Opuntia basilaris

Opuntia microdasys

Opuntia monacantha

Opuntia rhodantha Mittelstark wachsend, reich verzweigt mit meist rötlichen Gliedern, Blüte karminrot, rosa oder gelb. Auch für Steingarten.
Opuntia scheeri Bis 1 m hoch, strauchartig verzweigt, Dornen zitronengelb, dazwischen seidig zarte Wollhaare. Sehr schön!

Zylindrische Opuntien: Während die Scheibenopuntien oft für die Zimmerkultur zu groß werden, ehe sie recht zur Blüte kommen, wachsen die zylindrischen Opuntien mit stäbchen- oder keulenförmigen Gliedern nicht besonders stark.
Diese Arten werden oft auch unter dem Gattungsnamen *Cylindropuntia* geführt, was sich aber botanisch nur schwer begründen läßt. Häufig in Sammlungen finden sich:
Opuntia clavarioides «Negerhand». Triebe braungrau, verzweigt, keulenförmig, von eigenartigem Wuchs. Wächst am besten als Pfropfung auf aufrechten Opuntien. Braucht im Sommer viel Wärme, im Winter hellen, recht kühlen Stand. In der Kultur zeigt sie ihre goldgelben Blüten nur sehr selten.
Opuntia salmiana Wächst strauchartig mit stäbchenförmigen Gliedern. Blüht leicht und willig. Blüten schön, außen rot, innen gelb.
Opuntia spegazzinii Gedrungen wachsend, blüht weiß.
Opuntia verschaffeltii Kleinwüchsig, fast ohne Dornen, mit orangefarbenen Blüten. Einfache Pflege, sehr dankbarer Blüher auf Südrabatten im Freien. Überwinterung bei 6 bis 10° C. Vgl. Abb. S. 29.

Kugelopuntien: Kugelopuntien wachsen gedrungen. Will man sie möglichst früh zum Blühen bringen, so gibt man ihnen im Sommer einen sehr warmen und trockenen Stand. In den südamerikanischen Anden wachsen einige dieser Arten bis in Höhen von 4500 m. Bis vor einigen Jahren wurde für diese Gruppe eine eigene Gattung *Tephrocactus* geführt, die aber botanisch ohne Grundlage ist.

Opuntia diademata Niedrig, rasenartig wachsend, mit papierartigen, bräunlichen Dornen. Ähnlich *O. papyracantha.*
Opuntia hypogaea Sehr kleine, gut wachsende Zwergart.

Rhipsalis (Binsenkakteen)

Reizende Winterblüher, Ampelpflanzen, aber für Zimmerkultur wenig geeignet, da sie als Bewohner von Urwaldbäumen ziemlich hohe Luftfeuchtigkeit brauchen. Auch wegen des hängenden Wuchses im Glashaus nicht recht unterzubringen. Während des Triebes warm und hell aufstellen. Vor Prallsonne schützen, regelmäßig gießen. Alle 10 Tage Topf in Düngerlösung tauchen, mit Wasser überbrausen, gut ablaufen lassen. Im Winter etwas weniger gießen, dafür hin und wieder leicht nebeln. Der Standort soll warm und hell sein. Der Wurzelballen darf nie ganz austrocknen.

Rhipsalis cassytha Reich verzweigte Pflanze mit langen, hängenden und stielrunden Trieben. Blüten entweder im Winter oder im Sommer, klein, weißlich. Häufig folgen kleine weiße Beerenfrüchte mit schwarzen Samen.
Rhipsalis mesembrianthemoides Zwergige, reich verzweigte Planze mit leicht beborsteten Trieben. Die weißlichen Blüten erscheinen an den Enden der Kurztriebe, meist im Winter.
Rhipsalis pachyptera Glieder blattähnlich mit starken Mittel- und Seitennerven, gekerbt, am Rande oft rötlich. Blüten gelb mit rosa Spitze. Vgl. Abb. unten.

Opuntia verschaffeltii

Rhipsalis pachyptera

Schlumbergera (Weihnachtskaktus) und Rhipsalidopsis (Osterkaktus)

Ebenfalls Baumbewohner. Brauchen humusreichen, sehr gut durchlässigen Boden, im Sommer warmen, vor Prallsonne geschützten Stand und öfteres Einnebeln mit lauwarmem Wasser. Während des Sommers und bis zu den ersten Nachtfrösten im Herbst können diese Arten mit Erfolg im Garten im Halbschatten eines Baumes gepflegt werden. Haben die Pflanzen einmal Knospen angesetzt, sollten sie nicht mehr anders hingestellt werden. Auch bei zu trockener Luft können die Knospen abfallen. Nach dem Abblühen ein paar Wochen Ruhezeit bei halbschattigem, kühlem Stand und sparsamem Gießen. Auch wenn Triebe zunächst «matt» erscheinen, darf nicht stärker gegossen werden. Umpflanzen nur alle 3 bis 4 Jahre; Wurzelballen darf dabei nicht gestört werden. Seit mehr als 100 Jahren schöne Kultursorten in verschiedenen Tönungen von Rosa bis leuchtend Scharlachrot.

Rhipsalidopsis, der Osterkaktus, öffnet seine roten oder rosa Blüten im Frühjahr um Ostern. Die kleine Gattung enthält nur 2 natürliche Arten sowie einige Hybriden:

Rhipsalidopsis gaertneri Einzelne Glieder sattgrün, bis 5 cm lang, an den Enden leicht beborstet. Blüten groß, kräftig rot. Vgl. Abb. S. 31.
Rhipsalidopsis rosea Einzelne Glieder kürzer, an den Enden deutlich beborstet, bei starker Sonnenbestrahlung stark rotbraun überlaufen. Blüten kleiner, rosa. Nach kühler Überwinterung reich blühend. Vgl. Abb. S. 31.

Die Weihnachtskakteen sind lange unter dem Namen *Zygocactus* bekannt gewesen; der richtige Name ist aber *Schlumbergera.* Die Gattung enthält nur einige wenige natürliche Arten; durch die Kunst der Züchter verfügen wir heute über eine Vielzahl schöner Hybriden. Die Blüten erscheinen, wie der Name andeutet, um die Weihnachtszeit.

Rhipsalidopsis gaertneri

Rhipsalidopsis rosea

Schlumbergera opuntioides

Schlumbergera x buckleyi Der bekannteste Weihnachtskaktus, mit rosa Blüten. Triebglieder nicht deutlich gekerbt, dunkelgrün, wenig beborstet.
Schlumbergera truncata Ebenfalls häufig in Kultur gesehen, Glieder deutlich gekerbt mit vorgezogenen Spitzchen, kräftig grasgrün. Leicht blühend mit mehr karminroten Blüten.
Schlumbergera hybr. «Königers Weihnachtsfreude» In der Wuchsform ähnlich dem gewöhnlichen Weihnachtskaktus, aber mit nahezu reinweißen Blüten. Selten.

Epiphyllum und Verwandte (Blattkakteen, Schlangenkakteen)

Die «Blattkakteen» gehören ohne Zweifel zu den populärsten Kakteen überhaupt. Lange Zeit sind sie unter dem ungültigen Namen *Phyllocactus* verbreitet gewesen; der korrekte Name für die reinen Arten ist jedoch *Epiphyllum*. Für die große Anzahl Hybriden sind verschiedene zusammengesetzte Gattungsnamen im Gebrauch. Sowohl die reinen Arten wie die Hybriden sind nicht schwierig zu pflegen; die reinen Arten werden jedoch für Liebhabersammlungen zu groß und sind nur selten in Kultur.
Es muß auch erwähnt werden, daß der Name «Blattkaktus» eigentlich völlig falsch ist. Auch wenn die Triebe blattartig aussehen, handelt es sich botanisch gesehen keineswegs um Blätter, sondern um nachträglich abgeflachte Stammteile. Die eigentlichen Blätter sind bei nahezu allen Kakteen mikroskopisch klein und unentwickelt. Wie Weihnachtskakteen Bewohner von Urwaldbäumen. Durch Züchtung (Kreuzung mit dem erdbewohnenden *Heliocereus speciosus)* für Zimmerkultur besonders geeignet gemacht; prachtvoll und leicht blühende Pflanzen mit geringen Ansprüchen («Schusterkaktus»).
Bester Standort ist das Fensterbrett. Vor Zugluft und greller Sonne schützen. Knospen erscheinen im frühen Frühjahr bei Beginn des Triebes. Blüte April bis Juni, je nach Sorte. Nach Abblühen zunächst noch regelmäßig gießen und häufig spritzen, dann allmählich sparsamer wässern, im Sommer warm und nicht zu trocken halten. Im Herbst weniger gießen, damit die Triebe gut ausreifen. Im Winter bei 8 bis 10° C halten, am besten hell und luftig (aber auch dunklerer Stand wird vertragen); bis Knospen erscheinen, nur so viel gießen, daß Ballen nicht austrocknet. Umtopfen gleich nach der Blüte, in nahrhafte, gut durchlässige Erde (Mischung aus Sand, Mistbeeterde, Lauberde, Lehm, aber auch Gartenerde). Wird die Winterruhe nicht eingehalten, leidet die Blühwilligkeit! Die Blüten erscheinen aus den Stachelpolstern (Areolen) in den Kerben an der Kante der Triebe. Jede Areole bringt nur einmal eine Blüte

Epiphyllum hybr. (Phyllocactus)

Nopalxochia phyllanthoides

Epiphyllum hybr.

hervor; also müssen mehrjährige Triebe, deren Areolen alle geblüht haben, herausgeschnitten werden, will man schöngeformte, reichblühende Pflanzen haben.

Die meisten Arten und Hybriden lassen sich während der frostfreien Jahreszeit gut im Halbschatten eines Baumes im Garten oder auf der Terrasse pflegen. Neben Vertretern der Gattung *Epiphyllum* gehören auch zwei Arten der Gattung *Nopalxochia* zu den verbreitetsten Kakteen:

Nopalxochia ackermanii (= *Heliochia* «Ackermannii»). Häufig in Kultur mit an der Basis leicht dreikantigen, beborsteten Trieben. Blüten kräftig karminrot, nach kühler Überwinterung in Hülle und Fülle erscheinend.

Nopalxochia phyllanthoides hybr. «Deutsche Kaiserin» Durch gelegentliches Zurückschneiden erreicht man reichverzweigte Büsche mit reichem Blütenflor. Die blaßlila Blüten erscheinen normalerweise im Sommer. Vgl. Abb. oben.

Epiphyllum hybr. «Cooperi» (= *Seleniphyllum* «Cooperi»). Wüchsige, altbekannte Hybride zwischen einem *Epiphyllum* und *Selenicereus grandiflorus,* der «Königin der Nacht». Die Pflanzen wachsen gedrungen mit aufrechten Trieben und bringen alljährlich einige ihrer großen Blüten hervor, die denjenigen der «Königin der Nacht» ähnlich sehen, aber 2 bis 3 Tage halten.

Aus der Vielzahl der **Epiphyllum-Hybriden** einzelne aufzuzählen würde den Rahmen dieser Einführung sprengen. Einen Eindruck von der Schönheit ihrer Blüten vermittelt die Abbildung (S. 33). Neuere Züchtungen weisen neben den bekannten roten, weißlichen und rosa Blüten auch gelbe Farbtöne auf. Durch geeignete Auswahl der Hybriden kann die Blütezeit vom frühen Frühjahr bis in den Sommer hinein ausgedehnt werden.

Schlangenkakteen

Die Gattung **Aporocactus** stammt aus Mexiko. In der Pflege unterscheidet sie sich nicht wesentlich von den vorhergehenden. Von den wenigen Arten ist die folgende am verbreitetsten:

Aporocactus flagelliformis Geeignet für Kultur in hängenden Blumenampeln. Früh im Frühjahr zeigen sich an den dichtbedornten Trieben die Knospen, welche sich zu kräftig lilagefärbten, schiefsaumigen Blüten entwickeln. Die Art muß kühl und hell überwintert werden. Vgl. Abb. unten.

Aporocactus flagelliformis

Aus der Gattung **Nyctocereus** wird nur eine Art gelegentlich in Liebhabersammlungen angetroffen, nämlich:

Nyctocereus serpentinus «Schlangenkaktus». Nur 2 bis 3 cm dicke, lange Triebe. Braucht Stütze, um «schlängelnd» daran emporzuwachsen. Blüht reich und leicht am obersten Trieb. Blüten bis 25 cm lang; weiß, duftend, nur nachts geöffnet.

Die Gattung **Selenicereus** enthält eine Anzahl dünntriebiger, rankender und mehr oder weniger stark bedornter Arten aus den tropischen und subtropischen Urwäldern.
Zum Teil auf Bäumen lebend oder vom Boden hinaufrankend. Eignen sich wenig zur Zimmerkultur, da sie zu große Luftfeuchtigkeit brauchen und auch meist zu groß werden. Sie sind für das Gewächshaus geeignet als Ampelpflanzen. Verlangen humusreiche Erde; im Sommer Halbschatten, immer Schutz vor Mittagssonne.
Fast alle *Selenicereus*-Arten blühen mit großen, nächtlichen, weißen und meist duftenden Blüten. Die bekannteste Art der Gattung ist ohne Zweifel:
Selenicereus grandiflorus «Königin der Nacht», nachtblühender Schlangencereus. Blüten bis 30 cm lang, weiß, duften stark nach Vanille, nur eine Nacht geöffnet. Gedeiht am besten im Gewächshaus. Vgl. Abb. S. 37.

Besser für Zimmerkultur – vor allem in geräumigen Blumenfenstern. Geeignet sind:

Selenicereus boeckmannii Gut wachsend. Triebe hellgrün. Schwach bedornt.
Selenicereus hamatus Sehr großblütig, robust. Als Unterlage für Weihnachtskaktus geeignet.
Selenicereus macdonaldiae Wüchsig. Blumen sehr groß, bis 35 cm lang.
Selenicereus pteranthus *(syn. S. nycticalus)* «Prinzessin der Nacht». Schönste Blüte, jedoch ohne Duft. Triebe bis 3 cm dick, mit vielen Luftwurzeln. Blüten bis 30 cm lang, weiß mit braunroter Hülle.

Selenicereus grandiflorus

Säulenkakteen (Cereen)

In ihrer Heimat Säulen, Kandelaber, Büsche von mehreren Metern Höhe, auch hochrankend. Große Gruppe mit ungefähr 20 Gattungen, die aus Gegenden mit sehr verschiedenen klimatischen Bedingungen stammen und daher verschieden kultiviert werden müssen. Die meisten Cereen kommen erst als ältere, meterhohe Pflanzen zur Blüte; frühzeitiger blühen *Cleistocactus, Haageocereus* und *Borzicactus*. Blau- oder weißbereifte Arten entwickeln ihren Wachsüberzug am schönsten in vollsonnigem Stand; sollten nicht gespritzt werden.
Die meisten Arten sind in der Kultur nicht heikel. Eine kräftige, durchlässige Erde und im Sommer gleichmäßige Feuchtigkeit mit gelegentlichen Düngerabgaben behagt den meisten Arten sehr. Fast alle schätzen eine kühle, helle und trockene Überwinterung; vor allem die Andengattung *Borzicactus* kommt so eher zum Blühen. Bei den brasilianischen Cereen, die heute häufiger in Sammlungen anzutreffen sind, ist eine wärmere Überwinterung (10 bis 15° C) angezeigt.
Die folgenden südamerikanischen Vertreter der Gattung *Cereus* werden vor allem wegen ihrer Bedornung oder ihrer Körperfärbung gezogen. Blüten erscheinen erst an meterhohen Exemplaren:

Cereus chalybaeus Säulen blau bereift. Dornen schwarz. Sehr reich und früh blühender Nachtblüher.
Cereus forbesii Schwach verzweigte Säulen, blau bereift. Dornen in der Jugend hell braunrot. Blüten innen weiß, außen grün-rot gerandet, bis 25 cm lang.
Cereus jamacaru Rasch wachsend, in Kultur bis 4 m hoch. Bläulich bereift, gelb bedornt, mit weißen, nachts geöffneten Blüten. Wächst auch als «Felsenkaktus» monströs, blüht dann aber nicht.
Cereus peruvianus Aufrecht, reich verzweigt, sehr wüchsig. Dornen 6 cm lang, braun, am Grunde gelb, später schwarz. Blüte bis 18 cm lang, außen rotbraun, innen weiß. Auch hier nichtblühende monströse Form.

Die nachstehenden mexikanischen Säulenkakteen werden weniger der Blüte als der schönen Bedornung wegen gezogen. Sie verlangen humusarme, sandige Erde mit etwas Kalk und Lehm und müssen vorsichtiger begossen werden: im Sommer schon bei kühlerem Wetter sparsamer wässern, im Winter dauernd trockenhalten, nicht unter 6° C:

Stenocereus marginatus «Perlbandkaktus». 8 bis 16 cm dicke Säule. Areolen bläulich-weißfilzig, «wie Perlen an der Schnur». Warmhalten.

Myrtillocactus geometrizans Reichverzweigt. Triebe in bogenförmigen Linien blau bereift, wenig bedornt. Sehr dekorativ. Blüten zahlreich klein, duftend (Nachtblüher).

Pachycereus pringlei Kräftig, aufrecht, am Grunde verzweigt. Große weißfilzige Areolen und gelbliche Dornen mit schwarzen Spitzen.

Stetsonia coryne «Keulenkaktus». Stamm zylindrisch oder keulenförmig, 9 bis 10 cm dick, hellgrün. Auffällig durch helle, lange Dornen.

Die Gattung *Borzicactus* wird heute viel weiter gefaßt als noch vor einigen Jahren und enthält auch die ehemaligen Gattungen *Seticereus, Matucana* und *Submatucana.* Es sind alles Bewohner der südamerikanischen Anden. Während einige Arten von mehr säuligem Wuchs sind, handelt es sich bei anderen um kurzzylindrische oder kugelige Formen. Viele Arten sind stark bedornt, und die Dornen sind auffällig gefärbt. Vor allem von den kugeligen Arten dürfen auch in Liebhabersammlungen Blüten erwartet werden. Diese sind meist kräftig rot oder orange gefärbt und schiefsaumig (zygomorph). Am Standort werden sie meistens von Kolibris bestäubt. Die Kultur ist einfach, sofern eine durchlässige Erde und ein helles, kühles Überwinterungsquartier geboten werden können. Ideal ist vor allem für die kugeligen Formen ein heizbares Frühbeet.

Borzicactus (Matucana) haynei Dicht mit weißen Borsten versehene Kugeln (im Alter auch etwas zylindrisch). Blüten karminrot bis orange, mit auffallender grüner Narbe und deshalb sehr schön. Nicht ganz einfach in der Kultur.

Borzicactus samaipatanus

Cleistocactus wendlandiorum

Borzicactus (Matucana) icosagona

Borzicactus icosagonus (Syn. *Borzicactus aurivillus).* Dicht gelb bedornte Säulen von 30 bis 90 cm Länge und 5 bis 7 cm Dicke. Die zinnoberfarbenen Blüten erscheinen in der Nähe der Triebenden. Vgl. Abb. S. 40.
Borzicactus (Bolivicereus) samaipatanus Mit dünneren Trieben als der vorige, diese oft niederliegend-kriechend. Die roten Blüten besitzen weißgerandete Blütenblätter und sind sehr attraktiv. Vgl. Abb. S. 40.

Nah verwandt mit der vorher erwähnten Gattung *Borzicactus* ist die Gattung *Cleistocactus,* ebenfalls in den südamerikanischen Anden heimisch. Es handelt sich um meist dünntriebige Cereen mit kräftiger, zum Teil aber auch borstiger Bedornung. In der Kultur stellen sie ähnliche Ansprüche wie die Arten von *Borzicactus.* Blüten können von einigen Arten bereits bei einer Höhe von 30 cm erwartet werden. Die Blüten sind röhrenförmig und oft mehrfarbig.

Cleistocactus baumannii Aufrecht oder hängend, bis 1 m lange schlanke Triebe. Leicht zum Blühen zu bringen. Zahlreiche schöne Blüten, orange- bis feuerrot.
Cleistocactus smaragdiflorus Stämmchen graugrün, 2 cm dick, dicht bedornt. Blüht willig. Interessante Kolibriblüte, leuchtend rot mit smaragdgrünem Rand. Vgl. Abb. unten.

Cleistocactus smaragdiflorus

Cleistocactus strausii Bis 8 cm dicke Triebe, in ein dichtes, weißliches Borstenkleid gehüllt. Oft von der Basis mehrtriebig. Die interessanten, purpur- bis karminroten Blüten erscheinen etwa ab 1 m Höhe.
Cleistocactus wendlandiorum Wie die vorige Art weiß beborstet. Blüten orange mit purpurnen Spitzen, bereits ab etwa 30 cm Höhe erscheinend. Nicht häufig in Kultur. Vgl. Abb. S. 40.

Die Gattungen *Eriocereus* und *Monvillea* stammen beide ebenfalls aus Südamerika, wo sie im Trockenbusch verbreitet sind. Es sind dünntriebige Säulen, die zum Teil durch Anlehnen klettern. Beide Gattungen besitzen weiße oder weißlichgrüne, nächtliche Blüten von ziemlicher Größe. Da die Pflanzen bis zum Erreichen der Blühfähigkeit aber meist wenigstens 1 m Höhe erreichen müssen, sind sie nicht allzu häufig in Sammlungen zu finden. Arten der Gattung *Eriocereus* werden als Pfropfunterlagen sehr geschätzt.

Eriocereus bonplandii Strauchartig, starkwüchsig. Braucht Stütze. Besonders ältere Pflanzen reichblühend. Blüten bis 25 cm lang, weiß.
Eriocereus guelichii Wuchs reich verzweigt, kletternd. Blüten groß, weiß.
Eriocereus jusbertii Starkwüchsige, feste, dunkelgrüne Säulen. Dornen kurz und steif, dunkelbraun. Blüten weiß. Eine der verbreitetsten Pfropfunterlagen.
Eriocereus tortuosus Strauchartig, kräftig wachsend. Braucht Stütze. Blüte weiß, leicht zum Blühen zu bringen.
Monvillea haageana Strauchartig. Triebe dünn, lang, bläulich bereift. Reichblühend. Blüten weiß, bis 15 cm lang, nachts geöffnet. Vgl. Abb. S. 43.

Monvillea haageana

Behaarte Cereen

Eine Reihe von Gattungen weist vorwiegend oder ausschließlich stark weiß bewollte oder beborstete Arten auf; sie sind aber botanisch nicht näher miteinander verwandt. Wegen ihrer Schönheit sind sie oft in Sammlungen anzutreffen.
Bei Zimmerkultur verlieren sie jedoch durch Staubablagerungen viel von ihrem Reiz, und das Waschen von Kakteen ist auch nicht jedermanns Sache. Im Winter wollen diese Pflanzen nicht zu kalt stehen, und Feuchtigkeit in dieser Jahreszeit kann ihren Tod bedeuten. Fast alle dieser Schönheiten wachsen sehr langsam und dürfen nicht getrieben werden, sonst verlieren sie jegliche Widerstandskraft gegen Schädlinge und Krankheiten.

Cephalocereus ist in Mexiko, Zentralamerika und dem nördlichen Südamerika beheimatet. Da diese Arten aus tropischen und subtropischen Gegenden stammen, benötigen sie eine warme Überwinterung (10 bis 15° C). Blüten sind in Kultur kaum zu erwarten.

Cephalocereus palmeri Wenigrippige, blaubereifte Säulen mit dichtem, weißem Haarfilz auf den Rippen. Die Dornen sind beim Typ grau oder braun, bei der Varieät *sartorianus* jedoch gelblich.

Cephalocereus senilis (drei- und vierjährige Sämlinge)

Cephalocereus senilis «Greisenhauptkaktus». Dicht weißgrau behaarte Pflanzen, vor allem als Sämlinge sehr hübsch. Nicht ganz einfach über längere Zeit zu pflegen und sehr langsamwüchsig. Vgl. Abb. S. 44.

Die Gattung *Espostoa* ist in den tieferen Lagen der südamerikanischen Anden daheim, wo sie in Trockenbuschgebieten wächst. Wegen ihrer Schönheit sind in Sammlungen häufig Sämlinge anzutreffen, vor allem von:

Espostoa lanata Schneeweiß und dichtbewollte Säulen, mit einzelnen, abstehenden und ebenfalls weißlichen Borstendornen. Langsamwüchsig.

Wie die vorige Gattung stammt auch die Gattung *Oreocereus* aus Südamerika, jedoch aus den höheren Lagen der Anden bis gegen 4000 m. Die Areolen tragen neben langen, weißen Wollhaaren meist auch kräftige Dornen.

Oreocereus celsianus Der weiße Haarfilz wird überragt von derben, steifen braunroten Dornen. Dicksäulig und relativ raschwüchsig.

Oreocereus trollii Dicktriebige Säulen, bald von der Basis her Gruppen bildend. Die weißen, bis 7 cm langen Haare sind mit dünnen, rotbraunen oder gelblichen Dornen vermischt.

Echinocereus

Steppenpflanzen aus den südlichen USA und Mexiko. Lieben warmen, luftigen, sehr sonnigen Stand (im Frühjahr Schutz vor Prallsonne) und gut durchlässigen Boden mit etwas Kalkgehalt. Blühen im Sommer, werden dann reichlich gegossen und öfters gedüngt. Ältere Pflanzen bilden Sprossen am Stammgrund und wurzeln flach, werden am besten in breite Tonschalen gepflanzt. Im Winter sollen sie hell, kühl und trocken stehen. Nachtfröste schaden ihnen nicht, wenn sie tatsächlich «im Ruhezustand» sind. Sie wachsen gut und blühen reich; im Juni und im Juli leicht durch Stecklinge zu vermehren. Die sehr schönen, großen Blüten sind rosa, rot bis dunkelviolettrot, gelb oder gelegentlich grünlich.

Echinocereus albatus Durch seine dichte, weiße Bedornung eine Augenweide, vor allem während der Blütezeit. Wie *Echinocereus pectinatus* meist gepfropft kultiviert. Vgl. Abb. S. 47.
Echinocereus berlandieri Niederliegend, mit aufgerichteten Triebspitzen, reich verzweigt. Dem Boden anliegende Triebe schlagen sogleich Wurzeln. Blüten trichterförmig, karminrot mit rosa Mitte.
Echinocereus blanckii Aufrecht wachsend, bis 15 cm hoch. Blüten dunkelviolett. Sehr geeignet für Zimmerkultur.
Echinocereus coccineus Stämmchen und Sprossen kurz, bis 5 cm dick. 1 bis 2 cm lang, gelblich mit bräunlichen Spitzen. Blüte scharlachrot.
Echinocereus delaetii Stämmchen 20 bis 30 cm hoch, gelblich, von 6 bis 10 cm langen weißen Haaren begleitet. Ähnlichkeit mit dem «Greisenhaupt» *(Cephalocereus senilis)*. Blüten außen grünlichbraun, innen bläulichrot. Nur für Glaskultur: die Pflanze muß vor Staub geschützt werden, sollen ihre Haare glänzend und weiß bleiben.
Echinocereus fendleri Nur 10 bis 20 cm hoch, unregelmäßig wachsend. Blüten sehr groß (bis 12 cm Durchmesser), hell bis tief karminrot. Kann auch in kräftiger, mit Sand gemischter Gartenerde gezogen werden, muß im Sommer gut feucht, im

Echinocereus albatus

Echinocereus viridiflorus

Echinocereus gentryi

Echinocereus scheerii

Echinocereus pectinatus var. *rigidissimus*

Echinocereus fitchii

Winter hell und sehr trocken gehalten werden (Körper darf aber nicht schrumpfen).

Echinocereus fitchii Dicht bedornte kurze Säulen, mit etwas kammartig anliegenden Dornen. Sproßt gerne. Blüten groß, lilarosa, mit dunklerer Mitte. Vgl. Abb. oben.

Echinocereus pectinatus und seine Varietäten sind nicht ganz einfach zu pflegen oder zum Blühen zu bringen. Mit der dichten, verschiedenfarbigen Bedornung sind sie aber sehr attraktiv, weshalb sie oft gepfropft gezogen werden. Dadurch büßen sie aber einen Teil ihrer Schönheit ein, denn sie werden durch die Unterlage gerne etwas «aufgeblasen». Am besten eignet sich noch *Eriocereus jusbertii.* Die Blüten erscheinen in verschiedenen Rosa- und Rottönen. Vgl. Abb. S. 47.

Echinocereus procumbens Rötlich überlaufen. Randdornen weiß mit bräunlicher Spitze. Blüte karminviolett mit hellerer Mitte.

Echinocereus pulchellus Fast kugelig, mit 12 bis 15 Rippen und kurzen Stacheln. Blüte weiß bis rosa. Nur für Glaskultur.

Echinocereus salm-dyckianus Am Grunde verzweigte Stämmchen mit gelben Dornen. Blüte trichterförmig, bis 10 cm lang, auffallend «karottenrot». Beliebt und bewährt für Zimmerkultur.

Echinocereus hempelii

Echinocereus papillosus

Echinocereus purpureus

Echinocereus schwarzii

Echinocereus subinermis

Echinocereus viereckii

Echinocereus scheerii Ähnlich dem vorigen, Blüten rosarot, bis 12 cm lang. Beide Arten bilden so reichlich Sprossen am Stammgrund, daß sie am besten in breite Schalen gepflanzt werden. Vgl. Abb. S. 47.
Echinocereus schwarzii Eine hübsche Art mit rotvioletten Blüten. Vgl. Abb. S. 50.
Echinocereus stramineus Wächst gedrungen mit 4 bis 5 cm dicken Trieben. Dornen lang, strohgelb bis weiß, in der Jugend rosarot. Wird seiner auffallend schönen Bedornung wegen gezogen. Die purpurroten Blüten erscheinen nur selten.
Echinocereus subinermis Nahezu dornenlose, graugrüne, kurzzylindrische Säulen. Blüten groß, gelb, mit relativ schmalen Blütenblättern. Blüht erst relativ spät. Vgl. Abb. S. 50.
Echinocereus viereckii Wächst ähnlich wie vorige Art, bringt aber reichlich Blüten, groß und hellviolett. Stämmchen dick, verzweigen sich erst bei älteren Pflanzen. Vgl. Abb. S. 50.
Echinocereus viridiflorus Bedornung sehr variabel, anliegend oder abstehend. Kleinere, hin und wieder sprossende Pflanzen. Blüten klein, ziemlich unscheinbar, aber nach kalter Überwinterung in Massen erscheinend, grünlich oder bräunlich. Vgl. Abb. S. 47.

Botanisch vermutlich mit *Echinocereus* verwandt ist *Wilcoxia.* Dünntriebige Stämmchen, besetzt mit feinen weißen Borstendornen. Wächst und blüht besonders gut, wenn gepfropft. Alle Arten zeichnen sich durch den Besitz einer Wurzelknolle aus.

Wilcoxia poselgeri Schöne rosenrote Blüte mit dunkler Mitte, am Nachmittag geöffnet.

Nordamerikanische Kugelkakteen mit Rippen

Große Gruppe, die etwa 10 in Kultur befindliche Gattungen umfaßt. Ganz allgemein wollen diese Kakteen einen warmen, sonnigen Stand und möglichst keine kalkhaltige Erde. In Einzelheiten der Behandlung weichen die Gattungen je nach ihrer Herkunft etwas voneinander ab.
Fast alle dieser Arten sind für Frühbeetkultur ausgezeichnet geeignet; die meisten können aber auch auf dem Fensterbrett mit Erfolg gepflegt werden. Einige Kleingattungen sind in der Pflege sehr schwierig und sollen deshalb hier nicht behandelt werden.
Für alle Arten wichtig ist eine gut durchlässige, sandige Erde. In der Wachstumszeit darf ohne weiteres gelegentlich ein Kakteendünger angewendet werden. Gegossen wird im Sommer reichlich, im Winter bei kühlem Stand (um 10° C) sparsam.

Echinocactus war in früheren Jahrzehnten eine Sammelgattung für alle Kugelkakteen und dementsprechend sehr umfangreich. Heute enthält sie nur noch einige wenige mexikanische, groß werdende Arten, die in der Liebhabersammlung nur selten Blühfähigkeit erreichen. Am bekanntesten ist

Echinocactus grusonii «Schwiegermutterstuhl». Goldgelb bedornte Kugeln, die beträchtliche Ausmaße erreichen. Die dichtstehenden Dornen sind steif und leicht quer gerippt. Seit einigen Jahren ist auch eine weißbedornte Form bekannt.

Die Gattung *Ferocactus* enthält eine Anzahl größerer Pflanzen, ähnlich den Echinokakteen. Einige wenige Arten blühen jedoch bereits als kleinere Pflanzen; alle Arten sind durch eine schöne Bedornung ausgezeichnet. Kultur wie *Echinocactus.*

Ferocactus bicolor und seine Varietäten wurden früher zur Gattung *Thelocactus* gerechnet. Es sind kleinere, kurzzylindrische, stark bedornte Pflanzen mit kräftig gefärbten, großen

Echinocactus grusonii

Ferocactus echidne

Hamatocactus setispinus

Blüten, die auch in Kultur willig erscheinen. Die Varietät *tricolor* ist besonders schön durch ihre rote Bedornung. Vgl. Abb. S. 55.

Ferocactus echidne Kleinerbleibende Art mit scharfen Rippen. Wenig bedornt, weshalb die sattgrüne Färbung der Oberhaut gut zur Geltung kommt. Blüten schwefelgelb. Vgl. Abb. S. 53.

Ferocactus latispinus Sehr kräftig bedornte, flachkugelige Art. Der abgeflachte Mitteldorn ist meist hakig und quergeringelt. Besonders in feuchtem Zustand leuchten die Dornen in herrlichen Rottönen. Blüten sind in Liebhabersammlungen selten zu erwarten.

Hamatocactus ist mit *Ferocactus* vermutlich nahe verwandt. Auch in Kultur unterscheiden sich die Gattungen kaum. Sie werden jedoch nicht so groß und blühen auch in Liebhabersammlungen regelmäßig. Am bekanntesten ist

Hamatocactus setispinus mit flexiblen, dünnen, langen Dornen; der Mitteldorn ist gehakt. Die gelben Blüten weisen ein rotes Zentrum auf und erscheinen im Sommer. Vgl. Abb. S 53.

Leuchtenbergia ist eine mexikanische Gattung mit nur einer einzigen Art:
Leuchtenbergia principis Mit ihren langen Warzen ähneln die Pflanzen mehr einer kleinen Agave als einem Kaktus. Aus den Areolen entwickeln sich lange, oft gewundene und abgeflachte Dornen. Die großen gelben Blüten erscheinen bei warmem Wetter ohne Schwierigkeiten aus den Warzenspitzen. Etwas heikel in der Kultur und sehr langsam wachsend. Vgl. Abb. S. 55.

Thelocactus bicolor var. *bolansis*

Leuchtenbergia principis

Hamatocactus uncinatus

Astrophytum capricorne

Astrophytum myriostigma

Die Gattung *Astrophytum* ist in Mexiko beheimatet und umfaßt nur eine Handvoll Arten. Sie brauchen im Sommer viel Wärme und Sonne, auch im Winter sehr hellen, trockenen Stand bei etwa 8° C. Müssen im Frühjahr langsam an Sonne gewöhnt werden (Schutz vor Mittagssonne!). Erde soll keinen Humus enthalten – vorsichtig gießen und wenig düngen. Sehr interessant und lohnend ist Aufzucht aus Samen.

Astrophytum asterias «Seeigelkaktus». Flachkugelig mit meist 8 flachen Rippen, auf denen gewölbte, hellgraue Filzpolster sitzen. Keine Dornen. Blüte kommt am Scheitel hervor, groß, gelb mit roter Mitte. Nicht ganz einfach in der Kultur.
Astrophytum capricorne Kugelig, frischgrün mit weißen Flocken. Dornen lang, hornartig gebogen. Blüten gelb mit roter Mitte. Verschiedene Formen in Kultur. Vgl. Abb. oben.
Astrophytum myriostigma «Bischofsmütze». Kugelig oder kurzsäulig, mit meist 5 Rippen. Von kleinen weißen Haarbüscheln bedeckt, dornenlos. Blüten am Scheitel, glänzend gelb. Vgl. Abb. oben.
Astrophytum ornatum Körper in Streifen weißflockig. Bedornung goldgelb, später dunkler. Blüte groß, 7 bis 9 cm, glänzend gelb.

Nordamerikanische Kugelkakteen mit Warzen (Warzenkakteen)

Die wohl bekannteste Gattung der nordamerikanischen Warzenkakteen ist die gegen 200 Arten umfassende Gattung *Mammillaria,* fast ausschließlich in Mexiko und den angrenzenden Ländern heimisch. Kugelige und zylindrische Formen mit sehr vielfältig geformter und gefärbter Bedornung. Schon als junge Pflänzchen sehr blühwillig. Blüten in schönen Farben meist kranzförmig um den Scheitel entstehend; bilden gern korallenrote Früchtchen. Für Zimmerkultur sehr geeignet. Warzenkakteen wollen so hell wie möglich stehen, im Frühjahr vor Prallsonne geschützt. Bei warmem Sommerwetter reichlich gießen. Trocken bei 8 bis 10° C überwintern. Erde soll Zusatz von etwas Sand haben. Ältere Pflanzen bilden reichlich Sprossen, stehen am besten in breiten Schalen.
Die meisten Arten sind für Liebhabersammlungen ausgezeichnet geeignet und blühen auch reichlich.

Mammillaria albilanata Dicht weißbedornte Art, nicht ganz einfach zu pflegen. Früchte rot und wie bei vielen Arten sehr dekorativ. Vgl. Abb. unten.

Mammillaria albilanata

Mammillaria carnea

Mammillaria bocasana Kugelig, später gestreckt mit dichten weißen Borsten zwischen den Warzen. Bedornung weiß, gelblich bis braunrot. Blüten: zeitig im Frühjahr, strohfarben mit dunklerem Mittelstreifen.

Mammillaria calacantha Kugelig, etwas gestreckt. Dornen z. T. dem Körper fest anliegend, z. T. strahlig abstehend. Blüte karminrot. Wüchsig, leicht aus Samen zu ziehen.

Mammillaria carnea Kugelige bis kurzzylindrische Pflanzen mit dunkelgrüner Oberhaut. Bedornung kräftig, bräunlich oder gräulich. Die weißlichen Blüten werden von roten Früchten abgelöst. Einfach in der Pflege. Vgl. Abb. S. 57.

Mammillaria coronaria Kugelig. Dornen dunkelrot bis braun, auf kleinen, kurzen Warzen, mit glashellen Randdornen. Blüten klein, kranzförmig angeordnet, hell karminrot mit dunklerem Mittelstreifen.

Mammillaria geminispina Gruppenbildende Art mit langen Mitteldornen. Blüht erst als ältere Pflanze; die Blüten sind cremefarben, mit einem rötlichen Mittelstreifen.

Mammillaria glochidiata Kleinblumig, polsterbildende, reizende Art. Vgl. Abb. S. 59.

Mammillaria guelzowiana In der Bedornung fast wie *Mammillaria bocasana,* aber mit großen violetten Blüten. Heikel in der Kultur und nur für den erfahrenen Pfleger. Vgl. Abb. S. 59.

Mammillaria hahniana Klein, kugelig, Bedornung weiß. Blüten purpurrot, klein.

Mammillaria mazatlanensis Kurzsäulige Art, gruppenbildend. Zeigt ihre lilaroten Blüten nur an sonnigen, warmen Standorten. Vgl. Abb. S. 59.

Mammillaria nivosa Unauffällige Blüte, dafür machen die Früchte diese Lücke mehrfach wett. Braucht etwas wärmere Überwinterung, da ihre Heimat in den Tropen liegt. Vgl. Abb. S. 60.

Mammillaria plumosa Kugelig, klein. Dornen federförmig umgebildet. Blüten klein, weiß. Schöne, interessante und beliebte Pflanze, empfindlich gegen Nässe, darf nicht gespritzt werden. Wächst gut gepfropft. Braucht sandige Erde, deren Oberfläche mit dünner Schicht von gestoßener Holzkohle bedeckt wird.

Mammillaria glochidiata

Mammillaria guelzowiana

Mammillaria mazatlanensis

Mammillaria nivosa

Mammillaria sheldonii

Mammillaria yaquensis

Mammillaria pringlei Kugelig. Bedornung gelb, gewunden, ganzen Körper umspinnend. Blüten karminrot.

Mammillaria prolifera Klein, kugelig. Reichlich Sprossen bildend, die abfallen und sich bewurzeln. Bedornung weiß und gelb, auch rotbraun. Blüten grünlichgelb. Einfach zu pflegen.

Mammillaria rhodantha Ähnlich *M. pringlei.* Viele Abarten mit verschiedenfarbiger, auch gelber Bedornung. Feurig karminrote Blüte.

Mammillaria sheldonii Ganze Gruppen dieser Pflanze sind während der Blütezeit eine Augenweide. Nicht ganz einfach in der Kultur. Liebt einen sonnigen Standort. Vgl. Abb. S. 60.

Mammillaria spinosissima Dick, säulenförmig. Von abstehenden Dornen dicht bedeckt, die meist gelb, aber auch blutrot gefärbt sind. Die karminroten Blüten erscheinen oft in mehrfachen Kränzen um den Scheitel.

Mammillaria theresae Eine polsterbildende Pflanze, die am besten gepfropft und unter Glas gepflegt wird. Sehr reich blühend. Dornen federig erscheinend. Vgl. Abb. S. 62.

Mammillaria viereckii Kugelig, klein, ganz bedeckt von gelben und weißen Dornen. Blüten rahmfarben mit grünlichem Schlund, erscheinen reich und willig. Erde mit etwas Lehmzusatz.

Mammillaria wiesingeri Kugelig, mit schlanken Warzen, die glasigweiße, abgespreizte Rand- und rotbraune Mitteldornen tragen. Blüte schön rosa mit karminfarbenem Mittelstreifen.

Mammillaria wildii Schlank-säulenförmig, reichlich sprossenbildend. Mit weißer und honiggelber Bedornung. Weißliche Blüten kranzförmig angeordnet. Sehr zuverlässiger, leicht zu kultivierender Blüher. Im Sommer reichlich gießen, vor Sonne schützen.

Mammillaria yaquensis Reich sprossende und polsterbildende Art mit großen weißen Blüten. Hängt sich mit ihren Hakendornen fast überall fest. Vgl. Abb. S. 60.

Mammillaria zeilmanniana Kleine dicke, bis 6 cm hohe Säulchen mit weißen und rotbraunen Dornen. Schon sehr kleine Pflänzchen bringen leuchtend purpurrote Blüten. Reichblühend auch als Cristataform.

Mammillaria theresae

Mammillaria zephyranthoides

Mammillaria zephyranthoides Eine Prachtpflanze mit großen weißen Blüten. In der Pflege sehr schwierig. Vgl. Abb. oben.

Die folgenden Arten wurden früher zu den Gattungen *Dolichothele* oder *Pseudomammillaria* gesellt; heute gehören sie zur Gattung *Mammillaria:*

Mammillaria baumii Klein, kugelig, gruppenbildend. Dicht von hellen feinen Dornen umsponnen. Blüten gelb. Bildet lange Rübenwurzeln: in tiefen, schmalen Topf pflanzen!
Mammillaria decipiens Klein, mit etwa 1 cm langen, schlanken Warzen. Dornen lang, dünn, braun bzw. weiß mit dunkler Spitze. Blüten weiß. Zuverlässiger Blüher.
Mammillaria longimamma Polsterbildend, mit gelblicher Bedornung an langen, dicken Warzen. Blüte gelb, groß. Braucht Halbschatten. Wird leicht von Spinnmilbe befallen.

Die Gattung *Coryphantha* unterscheidet sich von den Mammillarien dadurch, daß auf der Oberseite der Warzen eine manchmal wollige Furche zu finden ist (Lupe!). Die großen Blüten sind gelb oder rosa und halten im allgemeinen mehrere Tage. Pflege wie bei den meisten Mammillarien, aber Vorsicht vor Verbrennungen durch die Sonne!

Coryphantha clava Säulig wachsende Art, bis 30 cm hoch. Dornen stechend, abstehend. Blüten gelb.
Coryphantha elephantidens Flachkugelige Körper mit großen grünen Warzen, dazwischen viel weiße Wolle. Dornen bis 2 cm lang, bräunlich. Blüten bis 10 cm groß, rosa mit hellem Schlund.
Coryphantha erecta Körper zylindrisch, an der Basis sprossend, Scheitel dicht weißwollig. Blüten groß, hellgelb.
Coryphantha sulcolanata Ebenfalls kugelige Art mit leicht kantigen, kleineren Warzen. Bedornung nicht auffallend. Blüten groß, gelb.

Zwei weitere interessante Gattungen aus dieser Gruppe sind *Escobaria* und *Neolloydia.* Beide enthalten je eine Handvoll Arten, die aber in der Pflege recht heikel sind.

Neolloydia conoidea Kurzsäulig wachsend, oft von der Basis sprossend. Scheitel durch die weiße Areolenwolle verdeckt. Randdornen weiß, mehr oder weniger anliegend, Mitteldorn schwarz und abstehend. Blüten aus dem Scheitel, leuchtend violett-rosa.

Südamerikanische Kugelkakteen

Unter den Kugelkakteen aus Südamerika befindet sich eine große Anzahl leicht zu pflegender Arten, die besonders für Fensterbrett- und Frühbeetsammlungen geeignet sind. Die im folgenden behandelten Gattungen sind jedoch nicht alle botanisch näher miteinander verwandt.

Die Gattung *Gymnocalycium* mit ihren 20 bis 30 Arten gehört zu den härtesten Liebhaberpflanzen. Sie läßt sich leicht an den Blüten erkennen, denn die Blütenröhre trägt nur einige Schuppen, aber keine Borsten oder Haare. In der Kultur stellen die Pflanzen keine Ansprüche: Durchlässige Erde, im Sommer genügend Wasser und eine frostfreie, trockene Überwinterung sind der Schlüssel zum Erfolg.

Gymnocalycium andreae Mäßig sprossende Art mit dunkelblau-grüner Oberhaut. Dornen etwas anliegend. Blüten relativ groß, kanariengelb. Vgl. Abb. S. 65.

Gymnocalycium baldianum Verbreitete Art. Pflanzen flachkugelig, grasgrün bis bläulichgrün gefärbt. Dornen dünn, etwas anliegend. Blüten groß und karminrot; im Sommer in Hülle und Fülle erscheinend. Vgl. Abb. S. 65.

Gymnocalycium bruchii Kleinbleibende Pflanzen mit weißer, etwas borstiger Bedornung. Meist von der Basis reich sprossend. Blüten im Vergleich zum Pflanzenkörper groß, weißlich oder rosa, die Blütenblätter oft mit einem dunkleren Mittelstreifen.

Gymnocalycium damsii Kleinbleibende Pflanzen mit kurzen, abstehenden Dornen. Die Oberhaut ist braunrötlich gefärbt und erscheint etwas gebändert. Blüten zartrosa, bei warmem Stand mit zurückgekrümmten Blütenblättern.

Gymnocalycium horridispinum Größer werdende Pflanzen mit kräftiger, abstehender Bedornung; Dornen braun bis graubraun, im Neutrieb fuchsig braun. Blüten groß, kräftig violett.

Gymnocalycium mihanovichii Pflanzen ähnlich wie *Gymnocalycium damsii,* aber meist dunkler in der Körperfarbe. Es existiert eine Reihe auffallender Abarten (Mutanten), die jegliches

Gymnocalycium baldianum

Gymnocalycium mihanovichii var. *stenogonum*

Gymnocalycium andreae

Grün verloren haben. Diese roten oder gelben Formen können nur durch Pfropfung am Leben erhalten werden, da ihnen das Blattgrün fehlt.
Gymnocalycium quehlianum Kugelig abgeflacht, bläulichgrün mit kurzen, bräunlichen Dornen. Bringt sehr zuverlässig weiße, am Grunde rote Blüten, die lange halten.

Frailea ist eine Gattung kleiner und relativ kurzlebiger Kugelkakteen aus Paraguay, Uruguay und Brasilien. Kurzlebig heißt nicht, daß die Pflanzen schwierig zu pflegen wären, sondern daß ihre natürliche Lebenszeit auf einige Jahre beschränkt zu sein scheint. Am besten werden sie in humussandiger Erde vor Prallsonne geschützt kultiviert. Im Sommer ist gleichmäßige Feuchtigkeit wichtig. Die gelben Blüten bestäuben sich oft selbst und öffnen sich dann nicht.
Frailea cataphracta Flache Kugeln bis 4 cm Durchmesser, mit höckerigen Rippen. Unter den Areolen halbmondförmige violette Flecke. Blüte gelb, am Grund rosa.
Frailea pumila Zwergwüchsig, nur 2 cm Durchmesser, breitkugelig; Rippen höckerig. Die Blüten sind gelb und nur nachmittags in voller Sonne offen.

Ebenfalls von der Ostseite der Andenkette stammt die Gattung *Notocactus* mit 20 bis 30 Arten, die ähnlich wie die *Frailea*-Arten zu pflegen sind. Die Blüten sind recht groß und von herausragender Schönheit. Neben gelben Blüten finden sich auch rosa und violette Farbtöne. Die Narben und der Griffel sind im allgemeinen karminrot gefärbt.
Notocactus concinnus Flachkugelig, klein, glänzend grün. Wüchsig und reichblühend. Blüten groß (7 cm), glänzend gelb, außen rötlich.
Notocactus graessnerii Flachkugelig, unter dem Gewirr goldgelber, nadelförmiger Dornen kaum zu erkennen. Blüten smaragdgrün, klein, lange haltbar. Leicht blühend, schön für Zimmerkultur.
Notocactus haselbergii Blüht in der Sammlung meist sehr früh im Jahr. Blüten klein, orange-rot; im Scheitel entstehend. Vgl. Abb. S. 67.

Notocactus apricus

Notocactus haselbergii

Notocactus uebelmannianus

Notocactus leninghausii Hellgrüne kurze Säule, Scheitel dem Licht zuneigend, weißwollig. Feines Dornenkleid aus dünnen, gelblichen Borsten. Blüten hellgelb, lange haltend.

Notocactus mammulosus Klein, kugelig, Rippen in Warzen aufgeteilt. Dornen gelb mit brauner Spitze. Blüten gelb mit rotem Stempel.

Notocactus ottonis Flachkugelig, klein, mit rotbraunen und gelben Dornen. Zuverlässiger Blüher. Blüten glänzendgelb mit rotem Stempel, 3 bis 4 Tage haltend. Im Sommer Schutz vor Prallsonne!

Notocactus scopa Kugelig, etwas gestreckt, von kurzen, weißen Dornen fast zugedeckt. Blüten zu mehreren nahe dem Scheitel, kanariengelb. Beliebt als Kammform (gepfropft).

Notocactus tabularis Halbkugelig, am Scheitel abgeflacht, blaugrün. Dichte weiße, z. T. braunrot gespitzte Bedornung. Blüten schon an jungen Pflanzen, 6 cm groß, gelb mit karminroter Röhre. Leicht zu kultivieren, blühwillig!

Notocactus uebelmannianus Eine noch ziemlich neue, aber bereits gut bekannte Art. Der Körper ist locker bedornt und grasgrün; dadurch ähnelt er stark einem *Gymnocalycium.* Die Blüten sind — ungewöhnlich für *Notocactus* — tief violett gefärbt. Es existiert auch eine gelbblühende Form dieser Art. Vgl. Abb. S. 68.

Auch die Gattung *Parodia* mit etwas mehr als 20 Arten stammt aus den Gebieten östlich der Andenkette, vor allem aus den Staaten Argentinien und Bolivien. Die meisten Arten lassen sich gut in humussandiger Erde an einem sonnigen Platz kultivieren. Die roten, orangen oder gelben Blüten sind recht groß und erscheinen in den Sommermonaten willig in großer Anzahl aus dem Scheitel der Pflanzen. Oft blühen diese Arten bereits als kleinere Pflanzen.

Parodia aureiflora Größer werdende Art mit braunen Hakendornen. Blüten goldgelb, oft rot gerändert. Sehr schön.

Parodia aureispina Klein, mit goldgelber Bedornung, Rippen in Höcker aufgeteilt. Blüten goldgelb. Blühwillig!

Parodia chrysacanthion Kleine, abgeflachte Kugeln, sehr dicht mit gelben Borsten eingepackt, Scheitel zusätzlich weiß bewollt. Die kleinen gelben Blüten finden oft kaum einen Ausweg zwischen den dichtstehenden Borsten. Auch ohne Blüten eine herrliche Pflanze. Vgl. Abb. S. 70.

Parodia maassii Länglich kugelig, lebhaft grün, mit wolligem Scheitel und kräftigen, gelben Dornen. Blüten 3 bis 5 cm, kupferrot.

Parodia microsperma Kleinbleibend, kugelig, Rippen in Warzen aufgelöst. Blüht schon als junge Pflanze willig und reich. Blüten goldgelb bis orange.

Parodia chrysacanthion

Parodia saint-pieana

Parodia sanguiniflora

Parodia saint-pieana Der grasgrüne Pflanzenkörper ist fast völlig in Warzen aufgelöst. Wohl einer der besten Dauerblüher der Gattung. Vgl. Abb. oben.
Parodia sanguiniflora Größere Pflanzen mit dichtstehenden, weißen Borstendornen und längeren Mitteldornen, davon einer hakig. Die blutroten Blüten kontrastieren ausgezeichnet mit der Bedornung. Vgl Abb. oben.
Parodia subterranea Kleinere Pflanze mit mächtiger Rübenwurzel (lat. *subterraneus* = unterirdisch). Die Oberhaut ist von Natur aus braungrün gefärbt. Die bronzefarbenen Blüten erscheinen gegen Sommerende aus dem wolligen Scheitel.

Echinopsis und Verwandte

Die folgende Gruppe wird durch eine Handvoll nahe verwandter und schwierig zu unterscheidender Gattungen gebildet. Oft werden die Arten der Gattungen *Trichocereus* (mehr säulenförmig wachsend) und *Lobivia* (kugelig wachsend) zu *Echinopsis* gezählt. Mehr aus Tradition sollen hier *Echinopsis* und *Lobivia* getrennt bleiben.
Alle Arten stammen aus den südamerikanischen Anden, wo sie zum Teil in großen Höhen (bis etwa 4000 m) wachsen.

Die Gattung *Echinopsis* mit ihren knapp 20 Arten gehört zu den verbreitetsten Kakteen. Mit ihren weißen oder rosaroten, nächtlichen Trichterblüten wirkt sie immer wieder anziehend. Die früheren *Trichocereus*-Arten werden säulenförmig und blühen meist erst von einer ziemlichen Größe an, während die «echten» *Echinopsis*-Arten kugelig oder kurzzylindrisch bleiben und auch in Liebhabersammlungen problemlos zur Blüte kommen. Übergänge sind vorhanden. Die Arten der Gattung *Lobivia* haben im Gegensatz zu den Echinopsen im allgemeinen kräftig gefärbte, leuchtende Blüten in allen Farben, von Weißlich über Gelb, Orange, Rot bis zum dunklen Violett. Die meisten Lobivien bleiben klein; einige blühen bereits bei einem Durchmesser von 3 cm mit Blüten, die größer sind als die Pflanze selbst!
In der Kultur unterscheiden sich die Gattungen kaum. Eine durchlässige, sandige Erde, sonniger Stand und im Sommer ausreichend Wasser führen bestimmt zum Erfolg, genauso wie eine kühle (2 bis 8° C) und helle Überwinterung. Damit sind diese Pflanzen ausgezeichnet für die Pflege in Frühbeetkästen geeignet. Im Winter können die Pflanzen bedenkenlos völlig ohne Wasser bleiben, sofern sie kühl überwintert werden. Die Blüten erscheinen im späten Frühjahr und im frühen Sommer.

Echinopsis aurea Kugelig, gut wachsend, ohne Ableger (Kindeln). Blüht zuverlässig. Blüten goldgelb, auch in anderen Farbvarietäten.
Echinopsis (Trichocereus) bridgesii Aufrecht, am Grunde wenig verästelt. Blau bereift mit dunkelgelben Dornen. Blüte weiß.

Echinopsis turbinata

Echinopsis huascha var.

Echinopsis huascha

Echinopsis (Trichocereus) candicans Aufrecht, am Grunde sprossend. Glänzend grün mit langen, goldgelben Dornen. Areolen mit weißem Wollfilz. Blüten groß, weiß, duftend.

Echinopsis (Trichocereus) chiloënsis Kräftig wachsende Säule, bis 70 cm hoch. Hell mattgrün mit honiggelben Dornen. Blüte weiß. Nur für Gewächshaus.

Echinopsis eyriesii Dunkelgrün, kugelig, mit kräftigen Rippen. Bräunliche Dornen. Blüten groß, weiß, halten sich 24 Stunden.

Echinopsis (Trichocereus) huascha Hellgrün, 4 bis 6 cm dick. Dornen gelb bis bräunlich. Blüte gelb (auch rotblühende Abart). Vgl. Abb. S. 72.

Echinopsis leucantha Kugelförmig mit etwas eingesenktem, wollfilzigem Scheitel. Dornen braun mit dunkler Spitze. Blüten weiß, 15 bis 17 cm lang, nach Veilchen duftend.

Echinopsis (Trichocereus) macrogonus Wüchsig, Stamm bläulichgrün. Dornen kurz, braun. Blüte gelblichweiß. Gute Pfropfunterlage.

Echinopsis mamillosa var. kermesina Kugelig abgeflacht, mit sehr großen karmesinroten Blüten. Leicht aus Samen heranzuziehen.

Echinopsis obrepanda Kugelig, etwas abgeflacht. Dornen dunkelbraun, gekrümmt, z. T. stark stechend. Blüten bis 20 cm groß, außen grün, innen weiß bis rosarot.

Echinopsis oxygona Keulenförmig, graugrün. Dornen grau mit schwarzen Spitzen. Blüte groß, 20 cm lang, außen rosa, innen weiß.

Echinopsis turbinata *(E. gemmata)* Kugel-, auch keulenförmig. Bedornung dunkelbraun bis schwarz. Blüten 15 bis 17 cm groß, außen grünlich, innen weiß, nach Jasmin duftend. An großen Pflanzen 15 bis 20 Blüten. Vgl. Abb. S. 72.

Echinopsis (Acanthocalycium) violaceum Kugelförmig, mattgrün. Dornen nadelartig, leicht gekrümmt, gelblichbraun. Blüte leuchtend violettrosa. Wächst gut und blüht leicht! Verträgt volle Sonne ohne Beschattung. Bildet keine Sprossen, wird nur durch Samen vermehrt.

Lobivia backebergii Kugelig, hellgrün mit goldbrauner Bedornung. Gut wachsend. Blüten leuchtend karminrot.
Lobivia chrysantha Etwas flachkugelig, mit langer Rübenwurzel (in tiefen, schmalen Topf pflanzen). Blüte bis 7 cm groß, gelb mit purpurnem Grund.
Lobivia cinnabarina Kugelig, bis 15 cm Durchmesser. Glänzend grün, hellbraun bedornt. Blüte scharlachrot mit dunkleren Staubfäden.
Lobivia densispina Bedornung ziemlich dicht und mehr oder weniger anliegend. Blüten gelb, orange oder rot. Vgl. Abb. S. 75 und 76.
Lobivia haageana Ziemlich stark bedornte Art, der Körper wird von den dunklen Dornen zum Teil verdeckt. Die Blüten sind meistens gelb und besitzen einen dunklen Schlund. Vgl. Abb. S. 76.
Lobivia hertrichiana Kugelig, frischgrün, gelb bedornt. Blüten rot, reichblühend.
Lobivia jajoiana Stark und wirr bedornte Art; der Körper ist zwischen den Dornen kaum wahrnehmbar. Die roten Blüten besitzen einen schwarzen Schlund und sind sehr attraktiv. Langsam wachsend. Vgl. Abb. S. 76.
Lobivia mistiensis Flachkugelige Pflanzen mit bis 5 cm langen, dunklen Dornen. Blüten fast zweifarbig: außen rot-orange, im Schlund gelb. Sehr schöne Art. Vgl. Abb. S. 77.
Lobivia pentlandii Altbekannte Art mit vielen Varietäten, die sich vor allem in der Blütenfarbe unterscheiden. Sproßt von der Basis und bildet mit der Zeit Polster (deshalb in flache Schalen pflanzen).
Lobivia rubescens Kugelig, etwas gestreckt. In Bedornung (sehr lang, schwarzrot) und Blüte (dottergelb mit karminrotem Schlund) besonders schön. Vgl. Abb. S. 77.
Lobivia tiegeliana Kleinbleibende, flachkugelige Art. Leicht anliegende Bedornung, Dornen meist gelblich. Blüten lila oder violett, blühwillig. Vgl. Abb. S. 75.
Lobivia walterspielii Kugelige Art, Oberhaut dunkelblau-grün gefärbt, Rippen fast ganz aufgelöst in längliche Warzen. Reichblühend, Blüten karmin- bis weinrot.

Lobivia densispina var. *sanguinea*

Lobivia tiegeliana

Lobivia haageana (aus der *L.-jajoiana*-Gruppe)

Lobivia densispina (Cristate)

Lobivia jajoiana

Lobivia rubescens

Lobivia mistiensis

Lobivia wrightiana

Lobivia wrightiana Körper meist einzeln, mit Rübenwurzeln. Bedornung abstehend, Mitteldorn oft stark verlängert und wild gebogen. Blüten zart lilarosa, schlank in der Form. Vgl. Abb. S. 78.

Nahe verwandt mit den Lobivien ist die Gattung *Chamaecereus* mit der einzigen Art **Chamaecereus silvestrii,** heimisch in Argentinien. Die reine Art ist ein reich sprossendes, weichfleischiges Pflänzchen mit karminroten Blüten. Durch die Kunst der Züchter verfügen wir zusätzlich über eine ganze Anzahl Hybriden mit Blütenfarben in allen Schattierungen von Gelb über Orange bis Rot. Bei kühler Überwinterung zeigen diese Pflanzen ihre Blüten willig im Frühsommer. Die reine Art ist, vor Nässe geschützt, auch im Freien winterhart (Mittelland). Vgl. Titelbild, eine großblühende Hybride.

Zwergige Formen

Die Gattung *Sulcorebutia* ist nicht einfach einzuordnen, steht sie doch in vielen ihrer Merkmale zwischen der soeben vorgestellten Gattung *Lobivia* und den noch zu behandelnden Rebutien. Die Pflanzen werden selten größer als einige Zentimeter und besitzen oft eine Rübenwurzel von beträchtlichen Ausmaßen. Die Dornen sind charakteristischerweise kammartig zu beiden Seiten der Areolen verteilt und dem Körper anliegend; einige Arten besitzen auch nadelartige, abstehende Dornen. Die Blüten erscheinen im Frühjahr und im Frühsommer; sie sind leuchtend und erscheinen in vielen Farben. Viele sind sogar zwei- oder mehrfarbig. Sulcorebutien sind nicht schwierig zu pflegen und zum Blühen zu bringen, wenn man sie wie die Lobivien kühl und hell überwintert. Kultiviert werden sie am besten in einem sandigen, lockeren Erdgemisch.

Sulcorebutia arenacea Dunkelgrüner bis brauner Körper, fast ganz mit weißlichen oder bräunlichen, anliegenden Dornen bedeckt; Rippen oder Höcker kaum wahrnehmbar. Aus den roten Knospen entwickeln sich goldgelbe Blüten.

Sulcorebutia verticillacantha

Sulcorebutia glomerispina Kurzsäulige Art mit gelb- bis rotbraunen, langen Dornen. Blüten kräftig leuchtendviolett.
Sulcorebutia krahnii Der Körper wird von ineinandergreifenden, weißlichen Dornen nahezu völlig verdeckt. Blüten zitronengelb.
Sulcorebutia rauschii Zierliche Pflänzchen mit mächtiger Rübenwurzel. Oberhaut blaugrün oder violett gefärbt. Dornen schwarz, kurz, dem Körper anliegend. Blüten violett, zierlich. Blüht nicht leicht.
Sulcorebutia tiraquensis Flachkugelig, etwas größer werdend. Dornen braun oder schwarz, bis 3 cm lang, wirr abstehend. Blüten lila oder violett.
Sulcorebutia verticillacantha Kleinere, sprossende Pflanze mit braunen oder grauen Dornen, dem Körper anliegend. Blüten zweifarbig: außen rot, innen orange und gelb. Vgl. Abb. oben.

Ideal geeignet für Liebhabersammlungen sind die Arten der Gattung *Rebutia,* zum Teil bekannt als «Zwergkakteen». Die Pflanzen bleiben meistens sehr klein (einige Zentimeter im Durchmesser) und blühen oft bereits als zwei- oder dreijährige Sämlinge. In der Kultur sind sie denkbar einfach: lockere, durchlässige Erde, im Sommer genügend Wasser, und eine helle, kühle (unter 10° C) Überwinterung bei völliger Trockenheit sind die Voraussetzungen für einen reichen Blütenflor. Im Winter, wenn die Pflanzen völlig trocken stehen, ertragen fast alle Arten sogar einige Grade Frost. Dadurch sind diese Juwelen unter den Kakteen ausgezeichnet für die Kultur in Frühbeetkästen oder in geschlossenen, kaum geheizten Veranden geeignet.

Rebutia albiflora Zierliche, reich sprossende Pflänzchen, bald Polster bildend. Bedornung weich, fast haarartig, weiß. Blüten klein, weiß, Blütenblätter auf der Außenseite leicht rosa überlaufen.
Rebutia aureiflora Kugelig, rötlich getönt, sprossenbildend. Blüten gold- bis dottergelb.
Rebutia deminuta Kurze Säulchen, reichlich sprossenbildend. Blüten kirschrot, zahlreich.
Rebutia diersiana Kräftige, kurzsäulige Körper, Bedornung anliegend, Dornen nur kurz. Blüten leuchtend gelb. Vgl. Abb. S. 83.
Rebutia euanthema v. oculata Kleine Säulchen mit glasheller Bedornung. Blüten auffallend schön, von innen nach außen abgestuft rötlich, orange, karminrot, mit dunkelkarminfarbenen Staubfäden.
Rebutia flavistyla Sehr ähnlich wie *Rebutia aureiflora,* Blüten leuchtend orange. Vgl. Abb. S. 83.
Rebutia heliosa Sehr ansprechende Pflanze. Die anliegende, silberweiße Bedornung verdeckt den Pflanzenkörper völlig. Die orangeroten Blüten erscheinen wie langgestielt. Vgl. Abb. S. 82.
Rebutia krainziana Flachkugelig, sprossenbildend. Schöne helle Bedornung. Blüten leuchtend dunkelrot.

Rebutia heliosa

Rebutia minuscula Frischgrün, dünnborstig bedornt. Blüten rot, erscheinen reichlich und zuverlässig. Eine Abart (Varietät *violaciflora*) besitzt leuchtend violette Blüten.
Rebutia muscula Durch die dichte, borstige Bedornung schneeweiße Kugeln. Blüten orange, nahe der Basis erscheinend.
Rebutia pseudodeminuta Wie *R. deminuta*. Blüten oft größer als Pflanzenkörper, orangerot, reichlich erscheinend.
Rebutia pygmaea. Zierliche, kurzsäulige Pflänzchen mit mächtiger Rübenwurzel, meist von der Basis sprossend. Dor-

Rebutia diersiana

Rebutia flavistyla

nen kurz, dem Körper anliegend. Blüten in verschiedenen Rottönen, oft auch lachsfarben.

Rebutia senilis Hellgrün, mit langen weißen Borsten bedeckt. Je nach Varietät sind die Blüten violett, rot, orange oder gar gelb.

Rebutia spegazziniana Säulchenförmig, mit kurzer, anliegender Bedornung. Blüten rot, schön geformt.

Rebutia wessneriana Kugelig, bis 8 cm Durchmesser. Bedornung glashell, bis 2 cm lang. Blüte groß (5 cm), leuchtend blutrot.

Einige weitere Gattungen

Aus Südamerika ließe sich noch eine ganze Reihe interessanter Gattungen aufzählen. Kurz erwähnt sei noch die Gattung *Copiapoa,* die in Chile heimisch ist. Die zum Teil stark bedornten Arten sind allerdings mehrheitlich nicht ganz einfach zu pflegen. Die Blüten sind meist gelb.

Die Vertreter der Gattung *Neoporteria* (die Gattung umfaßt heute auch die früheren Gattungen *Neochilenia, Pyrrhocactus* und *Horridocactus)* sind ebenfalls stark bedornt. Die meist kräftig gefärbten Blüten sind eine Zierde jeder Sammlung. Aber auch hier ist Vorsicht am Platze, denn die meisten Arten müssen sehr vorsichtig gepflegt werden.

Der Vollständigkeit halber seien auch noch die beiden nicht miteinander verwandten Gattungen *Discocactus* und *Melocactus* erwähnt. Es sind kugelige Pflanzen, welche bei Blühreife im Pflanzenscheitel einen Woll- oder Borstenschopf bilden. *Discocactus* blüht mit nächtlichen weißen Blüten, die Blüten von *Melocactus* sind klein und rot. Beide Gattungen sind nur dem erfahrenen Pfleger zu empfehlen, da sie eine warme, helle Überwinterung brauchen.

Weiterführende Literatur

Allgemeine Werke mit Kulturanweisungen und Artenbeschreibungen, zum Teil reich bebildert:

Cullmann, W.: Kakteen. Einführung in die Kakteenkunde und Anleitung zu erfolgreicher Kakteenkultur. Stuttgart: Verlag Eugen Ulmer; 3. Auflage, 1975

Haage, W.: Das praktische Kakteenbuch in Farben. Leipzig: Neumann-Verlag; 10. Auflage, 1977

Herbel, D.: Alles über Kakteen und andere Sukkulenten. 900 Arten, Herkunft, Pflege und Vermehrung. München: Südwest-Verlag, 1978

Rauh, W.: Schöne Kakteen und andere Sukkulenten. Heidelberg: Carl-Winter-Universitäts-Verlag, 1967

Rowley, G. D.: Kosmos-Enzyklopädie der Sukkulenten und Kakteen. Stuttgart: Kosmos-Verlag, 1979

Mehr wissenschaftliche Werke, die aber auch dem Liebhaber viele nützliche Informationen bieten:

Backeberg, C./Haage, W.: Das Kakteenlexikon. Jena: Gustav-Fischer-Verlag; 3. Auflage, 1976. Enthält kurze Beschreibungen nahezu aller bekannten Kakteenarten

Endler, J./Buxbaum, F.: Die Pflanzenfamilie der Kakteen. Minden: Albrecht-Philler-Verlag (Lehrmeister-Bücherei Nr. 872), 3. Auflage 1974 (Neudruck 1979). Ein preiswertes Taschenbuch, das den interessierten Liebhaber in das wissenschaftliche System der Kakteen einführt.

Haage, W.: Kakteen von A bis Z. Jena: Gustav-Fischer-Verlag, 1982. Bietet kurze Beschreibungen fast aller bekannter Kakteenarten sowie zusätzliche Informationen über die Bedeutung der Kakteennamen usw.

Rauh, W.: Kakteen an ihren Standorten. Berlin/Hamburg: Verlag Paul Parey, 1979. Vermittelt eine Fülle von Informationen über das Leben der Kakteen an ihren Standorten sowie einen Überblick über die meisten Gattungen und Arten. Viele ausgezeichnete Abbildungen. Sehr empfehlenswert.

Weiterführende Adressen

In allen drei deutschsprachigen Ländern existieren Gesellschaften der Kakteen- und Sukkulentenliebhaber. Die drei Landesgesellschaften geben auch eine reichbebilderte Zeitschrift heraus. Nähere Auskünfte vermitteln die nachstehenden Adressen:

Deutsche Kakteengesellschaft, Geschäftsstelle, Kurt Petersen, Klosterkamp 30, D-2860 Osterholz-Scharmbeck

Gesellschaft Österreichischer Kakteenfreunde, Schriftführerin Elfriede Raz, Nikolaus-Heid-Straße 35, A-2000 Stockerau

Schweizerische Kakteengesellschaft, Sekretariat, Agnes Conzett, Mühlhauserstraße 40, 4056 Basel

Die Stadt Zürich besitzt eine große und sehenswerte Sukkulentensammlung (Adresse: Mythenquai 88, 8002 Zürich, Tel. 01 201 45 54). Jeweils am Mittwoch findet am Nachmittag zwischen 14 und 16 Uhr eine öffentliche Sprechstunde statt, während der auch telefonisch Auskünfte erteilt werden. Die Sammlung selbst ist täglich geöffnet von 9 bis 11.30 Uhr und von 13.30 bis 16.30 Uhr. Der Eintritt ist frei.

Register